그리스·로마 신화 2

아폴론 헤르메스 데메테르 아르테미스

메네라오스 스테파니데스 글
야니스 스테파니데스 그림

파랑새

그리스·로마 신화 2
아폴론 헤르메스 데메테르 아르테미스

메네라오스 스테파니데스 글 · 야니스 스테파니데스 그림
25년 동안의 신화 연구 끝에 완성한 이 작품은 1989년 세계에서 가장 오래되고 권위 있는 어린이 문학상 피에르 파올로 베르제리오상을 수상했습니다.

정재승 추천
KAIST에서 물리학을 전공하고 예일대학교 의대 정신과 연구원, 컬럼비아대학교 의대 정신과 조교수를 거쳐 현재 KAIST 바이오및뇌공학과 교수와 융합인재학부장으로 연구하고 있습니다. 의사결정 신경과학을 통해 정신질환을 탐구하고 사람을 닮은 인공지능을 개발합니다.《과학 콘서트》《물리학자는 영화에서 과학을 본다》《인류탐험보고서》《인간탐구보고서》 등을 기획하거나 썼습니다. 책 읽기를 즐기며, 과학적 상상력과 신화적 상상력을 연결하고 싶어 합니다.

그리스·로마 신화 2
아폴론 헤르메스 데메테르 아르테미스

메네라오스 스테파니데스 글 | 야니스 스테파니데스 그림 | 정재승 추천

1판 1쇄 발행 2022년 1월 25일 | 1판 7쇄 발행 2024년 8월 20일
펴낸이 정중모 | 펴낸곳 파랑새 | 등록 1988년 1월 21일(제406-2000-000202호)
편집장 서경진 | 편집 정혜연 | 디자인 권순영
마케팅 김선규 | 미디어마케팅 구지영 | 홍보 고다희
온라인사업 서명희 | 제작 윤준수 | 회계 홍수진
주소 경기도 파주시 회동길 152 | 전화 031-955-0700 | 팩스 031-955-0661
홈페이지 www.yolimwon.com | 전자우편 bbchild@yolimwon.com
ISBN 978-89-6155-966-9 74800, 978-89-6155-964-5(세트)

Greek Mythology
Text copyright © Menelaos Stephanides Illustrations copyright © Yannis Stephanides
All rights reserved. Korean translation copyright © 2022 by BluebBird Publishing Co.
Korean translation copyright arranged with Sigma Publications F.& D. Stephanides O.E.
through Shinwon Agency Co., Seoul.

이 책의 한국어판 저작권은 Shinwon Agency를 통한 독점 계약으로 파랑새에 있습니다.
저작권법에 의해 한국 내에서 보호를 받는 저작물이므로 무단 전재와 무단 복제를 금합니다.

어린이제품안전특별법에 의한 제품 표시
제조자명 파랑새 | 제조년월 2024년 8월 | 제조국 대한민국 | 사용연령 12세 이상

세상에 존재하지 않는
상상력의 보물.
그리스·로마 신화는
창의성의 교과서이다.

| 추천사 |

뇌과학으로 신화 읽기: 창의성

나는 중학생 때 그리스·로마 신화 책을 가방 속에 내내 넣고 다녔다. 이야기가 재미있기도 했거니와, 그리스·로마 신화는 인간이 상상할 수 있는 세상의 모든 것들이 고스란히 녹아 있는, 그야말로 '상상력의 보물창고'였다. 누구나 갖고 싶은 온갖 뛰어난 능력, 세상을 지배하는 많은 진귀한 물건들이 매 페이지를 넘길 때마다 등장한다. 그리스·로마 신화를 읽을 때면 엉뚱한 상상에 빠지곤 했다. 엄청난 예지능력을 가진다면, 나의 학교생활은 어떻게 바뀌게 될까? 내가 누구나 사랑에 빠뜨릴 수 있는 에로스의 화살을 가진다면, 짝사랑으로 고통받는 친구를 위해 많은

걸 해줄 수 있었을 텐데 하면서 말이다.

  이번 2권에도 독자들에게 흥미진진한 이야기들이 가득하다. 나 역시 일찍이 히폴리토스처럼 아르테미스에 매료되었으며, 사랑에 빠지는 화살을 맞은 아폴론과 사랑을 거부하는 화살을 맞은 다프네의 비극적인 관계를 읽으며 어린 나이에도 가슴이 무척 아팠다. 그 후로는 월계수가 더 이상 '영광의 나무'가 아니라 '비극의 나무'로 인식되었을 정도다.

이번 책에서는 '창의성'이라는 열쇳말을 기억해 주길 바란다. 창의성이란 남들이 일반적으로 수행하는 생각과는 다른 사고과정을 통해 더 나은 결과를 만들어내는 능력을 말한다. 그러니까 평범하게 생각하지 않고 엉뚱하게 발상하되, 더 나은 생산적인 결과물을 만들어내는 능력을 뜻한다. 우리가 세상을 살아가는 데 꼭 필요한, 인간의 가장 고등한 능력 중 하나다.

그리스·로마 신화에는 세상에 존재하지 않는 '상상력의 보물'들이 가득하다. 그런데 가만히 살펴보면, 그저 억지스러운 발상에서 나온 것이 아니라, 전혀 상관없는 것들을 서로 연결하는 과정에서 시작된 인지적 결과물이라는 것을 발견하게 된다. 사랑의 화살이라니, 망각의 물, 통곡의 돌이라니, 어떻게 이렇게 연결 지을 수 있을까? 뇌에서 벌어지는 추상적인 현상(사랑, 망각, 슬픔 등)과 구체적인 사물(화살, 물, 돌 등)을 잇고 나니, 그것으로부터 수많은 이야기들이 쏟아진다. 그리스·로마 신화는 창의성의 교과서이다.

정재승 (뇌과학자, 『과학콘서트』『열두발자국』 저자)

| 차례 |

추천의 글 6

아폴론 13

헤르메스 53

데메테르 89

아르테미스 135

아폴론

델로스섬의 레토

옛날 옛날 제우스가 신과 사람들을 다스리고 있을 때였다.

그때 성스러운 델로스섬은 지금처럼 키클라데스 제도 사이에 박혀 있지 못하고 바다에 둥둥 떠다니고 있었다.

어느 날 한 여신이 겁에 질리고 분노로 가득 찬 얼굴로 델로스섬의 기슭에 발을 디뎠다. 그때까지 델로스섬은 작은 바다와 큰 바다 위를 끝없이 떠돌고 있을 따름이었다.

여신의 이름은 레토였다.

여신의 배 속에는 제우스의 두 자식인 아폴론과 아르테미스가 들어 있었다. 레토는 아이를 낳을 장소를 찾고 있는 중이었다.

 레토는 울부짖으며 외쳤다.

 "오, 섬이여, 오랜 세월 파도 위를 떠돌아다닌 섬이여, 내게 피할 곳을 달라. 그리하여 내 아이들을 네 땅 위에서 낳게 해 달라. 나는 질투에 불타는 헤라가 나를 잡아 복수하려고 보낸 무시무시한 괴물 피톤에게 쫓겨 온 세상을 헤매고 다녔다. 아티카와 트라케, 레스보스, 키오스 등 모든 곳을 다녔다. 어느 곳도 나를 받아 주려 하지 않는구나. 그들은 모두 끔찍한 왕뱀 피톤과 헤라의 복수를 두려워할 뿐이다.

 오 섬이여, 이제 나를 구해 달라. 끝없이 떠돌아다니는 게 어떤 것인지 너는 알 것이다. 그렇게만 해 준다면 내 약

속하마. 내가 낳을 아들 아폴론이 네 땅 위에 훌륭한 신전을 세울 것이다. 그러면 네 이름은 온 세상에 퍼지게 되리라."

아폴론의 탄생

레토의 입술 사이에서 그 말들이 흘러나오기가 무섭게 델로스섬 전체가 크게 흔들렸다. 그러자 엄청나게 커다란 바위 두 개가 바다에서 불쑥 솟아올랐다. 델로스섬은 그 바위 위에 단단하게 놓였다.

그렇게 한번 붙박이자 다시는 흔들리지 않는 섬이 되어 오늘날까지 그 자리에 그대로 머무르게 되었다.

그렇게 델로스섬은 레토를 받아들였다.

다른 여신들 한 무리가 레토를 도우러 재빨리 달려왔다. 레토는 아흐레 동안 꼬박 아이를 낳는 진통을 겪었다. 열흘째 되던 날 밤 마침내 그녀는 아이를 낳았다.

어둠은 사라지고 즉시 밝은 태양빛으로 가득 찼다. 위엄 있게 떠오른 태양이 하늘 한가운데에서 섬으로 황금 햇살을 내리비추었다. 그것은 레토가 낳은 아들이 빛의 신, 금빛 머리카락의 아폴론이었기 때문이다. 그렇지 않았다면 결코 일어날 수 없는 일이었다. 아폴론과 함께 엄격한 달의 여신 아르테미스가 태어났다.

나흘이 지나자 아폴론은 영원히 죽지 않는 불멸의 힘으로 가득 찬 청년으로 자라났다.

헤파이스토스는 아폴론에게 황금 화살과 은으로 된 활을 만들어 주었다. 그 화살은 목표물을 놓치는 일이 절대로 없었다.

그러자 아폴론은 어머니 레토를 괴롭히며 쫓아다닌 왕뱀 피톤을 죽이기로 마음먹었다.

아폴론은 번개처럼 빠르게 파르나소스산으로 날아갔다. 그곳에 무시무시한 괴물 피톤의 동굴이 있었다.

피톤이 살고 있는 동굴 주위에는 보기에도 끔찍한 장면들이 펼쳐져 있었다. 그때까지 그 누구도 감히 피톤에게 덤빌 생각을 품지 못했다.

피톤이 구렁이 몸뚱이를 끌고 돌아다니는 곳마다 열매들은 썩어 뭉개졌다. 그 고약한 냄새는 온 땅으로 퍼져 나갔다. 인간은 왕뱀의 소름끼치는 모습을 보는 순간 숨이 끊어졌다.

피톤은 누군가 자기에게 덤비러 왔다는 것을 알아차렸다. 그 무시무시한 왕뱀은 엄청나게 크고 길다란 몸을 끌고 동굴에서 나와 적을 찾으러 바위 사이를 느릿느릿 기어갔다.

피톤을 죽인 아폴론

피톤은 자기 앞에 서 있는 게 레토의 자식이라는 것을 알고는 미친 듯이 화를 냈다.

피톤의 입에서는 분노의 거품이 뚝뚝 떨어져 내렸다. 피톤은 몸을 곧추세우고, 애송이 신을 죽이기 위해 겁을 주듯이 머리를 뒤로 홱 젖힌 채 아폴론을 향해 다가갔다.

아폴론은 번개보다도 더 빠르게 피톤에게 화살을 겨누어 괴물의 눈 사이를 향해 정확하게 날렸다.

피톤은 깊은 상처를 입었다.

죽어 가는 괴물이 꿈틀거리는 비늘을 파르나소스산의 바위 비탈에 대고 마구 두드려 대는 소리와 온몸을 비비 꼬았다 축 늘어뜨렸다 하면서 몸부림치며 질러 대는 비명 소리가 산골짜기에 울려 퍼졌다.
갑자기 괴물은 거대한 몸을 쭉 뻗어 똑바로 세웠다.
하지만 그것도 잠시뿐, 이내 쿵! 하는 무시무시한 소리를 내면서 다시 고꾸라지고 말았다. 괴물이 쓰러지는 소리가 온 산을 흔들었다.
마침내 피톤은 죽었다.

아폴론은 이 위대한 승리를 매우 기뻐했다. 그래서 소중히 여기는 황금 리라를 들고 승리와 감사의 노래를 부르기 시작했다.

단지 한 곡의 노래일 뿐이었지만, 이것이야말로 아폴론이 세운 위대한 업적에 더해지는 또 하나의 승리였다.

승리의 찬가

아폴론이 부르는 찬가는 그때까지 이 세상에서는 들을 수 없었던 너무도 훌륭한 노래였다. 그 노랫말과 곡조는 잔인한 싸움과 평화, 파괴와 창조, 죽음과 삶 사이의 모든 반대되는 것들을 뛰어넘었다. 그 노래에는 도저히 물리칠 수 없는 아름다움과 힘이 넘치고 있었다.

자연은 두려움과 존경의 마음으로 그 노래에 가만히 귀를 기울였다. 고통에 시달리던 사람들은 그 노래를 들으며 행복의 눈물을 흘렸다.

아폴론의 찬가가 끝나자 온 세상이 떠들썩해졌다. 세상의 모든 사람과 짐승과 나무와 꽃들이 그 음악에 감탄하여 질러 대는 기쁨의 환호성으로 가득 찼다.

그날 이후로 음악의 신 아폴론의 이름은 아무도 넘보지 못하게 되었다.

아폴론은 피톤을 파르나소스산 옆에 묻은 뒤, 그 무덤 위에 사원과 신전을 세웠다. 그곳에 세워진 신전이 바로 성스러운 델포이 신전이다.

델포이 신전은 아폴론의 아버지인 전능한 제우스 신의 뜻을 인간에게 알려 주는 곳이었다.

아드메토스 왕의 목동

그러나 피톤은 가이아의 아들이었다. 그를 죽였으니 아폴론은 큰 죄를 지은 것이다.

언젠가 아폴론은 죄를 뉘우치는 살인자들을 용서해 주

는 힘을 가지게 될 것이다. 그러기 위해서는 먼저 자기가 지은 죄에 대한 벌을 받아 자기 자신을 깨끗하게 만들어야 했다. 설사 그 죄가 신이나 인간을 위해서 저지른 것일지라도 말이다.

그래서 아폴론은 신의 모습을 벗어던지고 테살리아로 갔다. 그곳에서 그는 페라이의 아드메토스 왕의 목동이 되어 양 떼를 돌보았다.

아드메토스 왕을 비롯하여 그 누구도 그 젊은 목동이

빛의 신 아폴론이라고는 꿈에도 생각하지 못했다.

하지만 아폴론이 왕의 양 떼를 돌볼 때마다 이상한 일들이 자주 일어났다. 아폴론이 리라를 들고 손가락으로 줄을 퉁겨 연주할 때마다 야생 짐승들이 홀린 듯이 넋을 잃고 숲에서 나와 양과 소들과 함께 그의 주위로 몰려들었다.

아폴론이 온 다음부터 아드메토스 왕의 궁궐에는 행복과 재산이 넘쳐흘렀다.

양 떼가 불어났으며, 창고는 곡식으로 가득 찼고, 커다란 항아리들은 올리브와 와인, 기름과 버터로 넘쳐흘렀다. 벽과 지붕보에는 커다란 치즈 주머니와 햄, 그 밖에 신선하고 맛있는 음식들이 주렁주렁 매달렸다.

젊고 잘생긴 아드메토스 왕은 이런 모습을 보고 매우 기뻐했다. 그는 하얀 말을 타고 초원으로 달려나가 반지르하게 윤기가 흐르고 근육이 발달한 말들이 둥그런 풀밭 언덕에서 달리는 모습을 바라보았다.

또한 힘센 황소들이 기름진 땅을 깊게 쟁기질하며 나가는 모습을 흐뭇한 마음으로 바라보곤 했다. 그 말과 소들은 모두 왕의 것이었다.

불가능한 일을 해낸 아드메토스

다른 나라의 많은 왕들이 아드메토스를 양아들이나 사위로 삼고 싶어 했다.

하지만 아드메토스는 이웃 나라인 롤코스의 공주 알케스티스만을 사랑했다.

그러나 롤코스의 펠리아스 왕은 딸을 결혼시키고 싶은 마음이 조금도 없었다. 딸이 결혼하면 자기가 늙었을 때 대체 누가 돌봐 줄 것인가?

그래서 그는 한 가지 조건을 내걸었다.

사자와 야생 멧돼지에게 멍에를 씌워 자신의 이륜마차를 끌게 하는 사람에게 딸을 주겠다는 것이었다.

사자와 야생 멧돼지라니, 그중 한 마리에게 멍에를 씌우는 일조차도 생각해 보지 못한 일이었다. 그런데다 성질이 다르고 사나운 맹수 두 마리에게 누가 감히 한꺼번에 멍에를 씌워 마차를 끌게 할 수 있단 말인가?

하지만 아드메토스는 알케스티스를 사랑했기 때문에

아무것도 두렵지 않았다. 그래서 그는 사나운 짐승들에게 온 몸이 갈기갈기 찢길 수도 있는 위험을 기꺼이 택했다.

아폴론은 그의 용감한 결심을 알고 돕기로 마음먹었다. 빛의 신은 아드메토스에게 그 일을 할 수 있는 힘을 불어넣어 주었다.

그리하여 용감한 아드메토스는 펠리아스가 요구한 엄

청난 일을 해냈다. 그는 롤코스의 길을 따라 사자와 야생 멧돼지가 이끄는 이륜마차를 타고 고함을 지르며 달려갔다.

이 용감한 젊은이의 놀라운 힘을 본 펠리아스는 완전히 기가 죽어 잠자코 딸을 넘겨 주었다.

알케스티스는 아드메토스의 이륜마차로 옮겨 탔다. 아드메토스는 승리감에 가득 차서 그녀를 자신의 궁전으로 데리고 돌아와 성대한 결혼식을 올렸다.

북극 너머의 나라

아폴론은 아홉 해 동안 아드메토스를 위해 일해 주었다.

9년째 되는 해가 지날 무렵에 금발의 아폴론 신은 델포이로 돌아가 마침내 죄를 용서받았다.

그때부터 아폴론은 진심으로 자신의 죄를 뉘우치고 용서를 구하는 사람들을 보호해 주었다. 그는 가장 위대하고 고귀한 용서의 신이 된 것이다.

아폴론은 델포이에 머무르기를 좋아했다. 그곳에는 그

의 장엄한 사원과 성스러운 신전이 있었기 때문이다.

하지만 아폴론은 자기를 낳은 델로스섬을 잊지 않았다. 무엇보다도 그는 어머니 레토가 자기를 낳기 전에 한 약속을 잊지 않고 있었다. 그래서 아폴론은 얼마 뒤에 델로스섬의 성스러운 신전들 사이에 눈부시게 빛나는 사원을 새로 세웠다.

아폴론은 가끔 그리스를 떠나 어머니가 살고 있는 북극 너머의 전설적인 태양의 섬을 여행하곤 했다.

그 매혹적인 나라로 가는 아폴론의 여행은 오랜 시간이 걸렸지만 참으로 훌륭했다.

아폴론은 눈처럼 하얀 커다란 백조 두 마리가 끌고 가는 날개 달린 이륜마차에 올라 저 아래로 멀리 그리스를 남겨 둔 채 구름 위로 높이 올라가곤 했다.

그는 북쪽으로 멀리멀리 여행했기 때문에 높은 곳에서 내리는 첫눈이 산꼭대기를 하얀 모자처럼 덮는 것을 보았다.

눈발은 점점 더 굵어져 아폴론의 이륜마차 밑으로 보이는 모든 것이 하얀 이불에 덮인 것처럼 보였다.

 하지만 이와는 달리 아폴론이 날고 있는 구름 위는 늘 봄날 같은 날씨였다. 커다란 백조들은 지치지 않고 매우 빠르게 이륜마차를 끌고 갔다.

 북쪽으로 나아갈수록 눈발은 점점 더 약해졌다. 마침내 북극을 벗어나자 구름 사이로 황금빛 햇살이 황홀한 땅 위로 골고루 내리쬐고 있었다.

 그곳은 북방 민족이 사는, 영원한 봄의 나라였다. 자연의 모든 빛깔들이 화사하게 어우러져 있고, 철썩거리는 파도 소리와 무지개 색깔의 온갖 새들의 달콤한 노랫소리가 메아리치는 곳이었다.

 금발의 아폴론 신은 이륜마차에서 내려 푸른 풀밭에 발을 디뎠다. 그러자 태양의 황금빛 화살을 받은 나뭇가지 사이에서 새들이 푸드덕거리며 환영의 노래를 불렀다.

 그 노랫소리는 아폴론이 리라로 연주하는 하늘의 음악만큼이나 아름다웠다.

 하지만 바로 그 순간 저 멀리 그리스에서는 구름이 하늘을 어둡게 가려 버렸다.

 추위와 비가 찾아왔다. 빛의 신이 고향을 떠났기 때문에 어두운 겨울이 찾아온 것이다.

 사람들은 불길 주위에 움츠린 채 아폴론이 어서 돌아와 겨울이 끝나기만을 기다렸다.

 마침내 빛의 신 아폴론이 돌아오자 황금빛 햇살은 어둠을 몰아냈다. 그러자 따뜻하고 환한 봄이 찾아왔다.

사람들은 신을 받들어 모시는 커다란 축제를 열고 태양과 빛과 삶의 즐거움에 대한 노래를 불렀다.

아폴론과 다프네

아폴론은 살아 있는 모든 것의 아름다움을 사랑했다.

어느 날 델포이에서 황금 화살을 쏘고 있을 때였다. 때마침 아프로디테의 어린 아들인 날개 달린 에로스가 그곳에 날아왔다.

에로스는 아폴론을 사랑에 빠지게 하려고 열심히 기회를 엿보고 있었다.

아폴론이 화살을 쏘아 멀리 떨어져 있는 가지에 매달린 사과를 맞혔다. 그것을 보자 에로스도 활을 뽑아 같은 사과를 맞히려고 했다.

"꼬마야, 제발 나 혼자 활을 쏠 수 있게 놔 두렴. 그런 솜씨로 나한테 대들다니, 하룻강아지 범 무서운 줄 모르는구나."

아폴론이 화를 내며 말했다.

"당신의 화살은 실수하는 법이 전혀 없지요. 그건 나도 잘 알아요. 하지만 내 화살도 과녁을 정확히 맞힌답니다."

에로스는 아폴론보다 더 벌컥 화를 내며 말하고는 곧장 날개를 펴고 파르나소스산으로 날아갔다. 그리고 자신의 화살통에서 화살 두 개를 꺼냈다. 하나는 사랑이 생기게 하는 화살이고, 또 하나는 그 사랑을 받는 사람이 오로지 두렵고 싫은 마음만 들게 하는 화살이었다.

에로스는 첫 번째 화살을 아폴론의 가슴에 쏘았다. 그런 다음 두 번째 화살은 마침 그곳을 지나가던 요정 다프네에게 쏘았다. 다프네는 강의 신 페네이오스의 딸이었다.

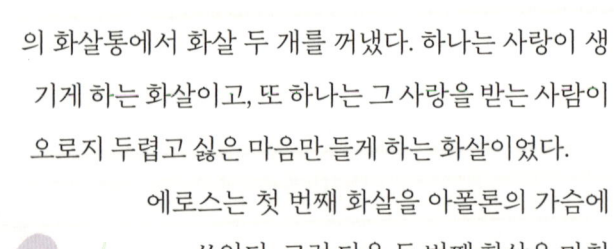

달아나는 다프네

에로스의 화살에 맞은 아폴론은 다프네의 사랑스러운 얼굴과 우아한 모습에 그만 넋을 잃었다. 그는 그녀에게 말을 걸고 싶어 당장에 달려갔다.

하지만 사랑을 거부하는 화살을 맞은 다프네는 아폴론을 보자마자 온 힘을 다해 달아나기 시작했다. 그래도 아폴론은 다프네에게 점점 더 가까이 다가갔다.

아폴론의 걸음이 급해지면 급해질수록 다프네는 그로부터 점점 더 멀어졌다. 아폴론은 몇 번이나 펄쩍 뛰어올라 사랑스러운 요정에게 다가갔다. 이제 거의 다 닿았다 싶으면 다프네는 부리나케 달아나 버렸다. 아폴론은 또다시 그녀를 바짝 쫓아가며 멈추라고 소리를 질렀다.

하지만 다프네는 전보다 더 빨리 달렸다. 에로스의 화살들이 과녁을 제대로 맞힌 것이다.

"멈춰요, 멈춰. 제발 부탁이오. 나는 당신을 해치지 않아요."

아폴론은 애원했다.

하지만 발 빠른 요정은 그에게 붙잡힐까 봐 여전히 온

힘을 다해 달아났다. 아폴론도 결코 포기하지 않고 뒤쫓아가며 계속 멈추라고 소리쳤다.

"사랑스러운 요정이여, 두려워하지 말아요! 왜 당신은 내가 무서운 맹수라도 되는 것처럼 그렇게 달아나는 겁니까? 나는 나쁜 놈이 아니오. 나는 아폴론이오. 제우스 신의 아들이란 말이오. 겁먹은 사슴처럼 그렇게 달아나지 말아요, 제발!"

하지만 다프네는 계속 달려나갔다. 가끔씩 아폴론은 다

프네에게 바짝 따라붙어서 금방 그녀를 붙잡을 것처럼 보였고, 어떤 때는 다프네가 갑자기 뛰어올라 파도가 앞으로 나가듯 쑥 앞서 나가기도 했다.

마침내 아폴론은 다프네의 발뒤꿈치에 거의 닿을 만큼 바짝 그녀를 따라잡았다.

하지만 다프네는 겁을 먹은 나비처럼 그의 손아귀에서 다시 빠져나갔다.

그래도 아폴론은 다프네를 쫓는 일을 그만둘 수 없었다. 사랑의 화살은 그의 가슴속에 끌 수 없는 불길을 붙여 놓은 것이었다.

월계수로 변한 다프네

"이제 다프네는 더 이상 버티지 못한다. 곧 지쳐 떨어질 것이다. 그럼 다프네를 잡을 수 있게 된다."

아폴론은 다프네를 쫓아가며 혼잣말을 했다.

아폴론의 생각대로 다프네는 지치기 시작했다. 그는 점점 더 가까이 그녀에게 다가갔다.

드디어 아폴론은 손을 뻗었다. 그의 손이 다프네의 몸

에 막 닿으려는 순간이었다.

다프네가 큰 소리로 외쳤다.

"오, 신들의 어머니이신 가이아여! 왜 저를 아폴론에게 넘기려고 하십니까? 저는 아폴론을 남편으로 삼고 싶지 않습니다. 아폴론이 내 몸에 손을 대게 하느니 차라리 바위나 나무가 되겠습니다."

다프네의 말이 끝나자마자 그녀의 발은 벌써 땅을 향해 뿌리를 뻗기 시작했다. 다프네의 머리와 팔에서는 가지와 잎이 뻗어 나왔고, 그녀의 몸은 나무의 줄기가 되었다.

그리하여 사랑스러운 요정은 향기 나는 다프네 나무가 되어 버렸다. 그것이 바로 유명한 월계수다.

아폴론은 자신이 안고 있는 게 다프네가 아니라 한 아름의 나무라는 것을 깨달았다.

금발 머리 신의 가슴에 걷잡을 수 없는 슬픔이 밀려왔다. 그는 순식간에 자신을 깊은 사랑에 빠지게 만든 요정을 잃은 것이 너무나도 슬펐다. 아폴론은 슬픈 눈으로 향기 나는 월계수의 잎들을 쓰다듬었다. 그런 다음 나뭇잎이 붙은 작은 가지 하나를 꺾어 화환을 만들어 머리 위에 얹었다.

아폴론은 결코 자신에게 붙잡히려 하지 않았던 사랑스러운 요정을 잊을 수가 없었다. 아폴론이 자주 월계수 잎으로 만든 화환을 머리에 쓰는 것은 그런 까닭에서였다.

아폴론과 마르페사

아폴론은 한 번도 결혼하지 않았다. 신들 가운데에서도 가장 잘생긴 그는 말 그대로 즐기면서 살았다.

그런 그도 단 한 번 결혼을 약속한 적이 있었다. 그러나 그때 아폴론이 그 약속에 얼마나 충실했는지는 의심스럽

다. 어쨌든 그 결혼은 이루어지지 않았다.

아폴론이 결혼을 약속했던 소녀는 아이토리아 왕의 딸인 마르페사였다. 그녀의 아버지 에베노스는 재산이 많고 용감한 전사였는데, 딸을 매우 엄하게 키웠다.

에베노스는 이륜마차 결투를 해서 자기를 죽일 수 있는 남자에게만 딸을 주겠다고 했다.

마르페사는 대단히 사랑스러웠으며 재산 또한 엄청나게 많았기 때문에 처음에는 에베노스에게 맞서겠다고 나서는 사람들이 구름같이 몰려왔다. 에베노스와 일 대 일로 겨루는 결투라 얕보았던 것이다.

하지만 그 사람들이 모두 죽어 버리자 에베노스에게 대들겠다고 나서는 사람들이 모두 사라졌다.

그러던 어느 날, 잘생기고 용감한 한 젊은이가 '페가소스'라는 날개 달린 말에 올라탄 채 마르페사 앞에 나타났다.

그는 영웅 이다스였다. 그는 메세네 왕의 아들이었고 전투에서 한 번도 져 본 적이 없는 용사였다.

마르페사와 이다스

마르페사는 이다스의 위대한 업적에 대해 많이 들었던 터라 그를 보자마자 가슴이 철렁 내려앉았다.

아버지를 죽인 남자와 결혼하느니 차라리 결혼을 하지 않는 쪽이 나을 것이라 생각했다. 지금까지 어떤 젊은 용사도 아버지를 이기지 못했다.

하지만 유명한 영웅 이다스라면 분명히 아버지를 죽일 것이었다. 이다스는 마르페사의 겁먹은 눈동자를 바라보면서 부드럽게 말했다.

"사랑스러운 공주여, 잘 들어요. 나는 당신의 아버지를 죽이러 온 게 아닙니다. 나는 당신 아버지의 재산도, 왕좌도 원하지 않아요. 자, 동이 트기 전에 몰래 이곳을 떠납시다."

마르페사는 그 고귀한 젊은이의 말을 듣고 얼굴에 기쁨이 넘쳤다. 그래서 즉시 그와 함께 떠나기로 마음먹었다.

이다스는 눈부신 페가소스 뒤쪽에 그녀를 앉혔다. 그 말은 포세이돈이 그에게 선물로 준 것이었다. 그들은 메세네를 향해 하늘 위를 쏜살같이 달렸다.

 에베노스 왕은 딸이 이다스와 도망친 걸 알자마자 아폴론에게 찾아가 도움을 청했다.
 아폴론 또한 마르페사에게 마음이 있었던 만큼 기꺼이 도와주겠다고 나섰다. 아폴론과 에베노스는 번개처럼 빠른 속도로 달아난 한 쌍의 연인을 뒤쫓아갔다.

하지만 그들이 리코르마스 강을 건널 때, 에베노스가 그만 급류에 휩쓸리고 말았다. 아폴론이 뛰어들어 그를 건져 냈지만 이미 때는 늦었다.

에베노스는 숨을 거두고 말았다. 아폴론은 왕의 주검 앞에서 마르페사를 꼭 되찾아 아내로 삼겠다고 맹세했다.

아폴론과 싸우는 이다스

아폴론은 죽은 왕을 위해 한 가지 약속을 더 해 주었다. 비록 왕으로서의 삶은 끝났지만 이제부터 그가 빠진 강에 '에베노스'라는 이름을 붙여 그의 이름만은 영원히 남게 할 것이라고 말이다.

이렇게 약속한 아폴론은 다시 이다스를 잡기 위해 달려 나갔다. 그리하여 이다스는 메세네의 안전한 곳에 다다르기 전에 아폴론과 맞부딪치게 되었다.

이다스는 아폴론 신이 왜 나타났는지를 금세 알아차렸다.

하지만 그는 재빨리 마르페사를 보호하기 위해 그녀 앞

을 가로막고 섰다. 이다스의 단호한 표정은 상대가 누구든 싸울 준비가 되어 있다는 것을 보여 주었다.

에베노스와의 결투를 피해 도망쳐 온 젊은이가, 한낱 인간에 불과한 그 젊은이가 지금 신과 맞서서 힘을 겨루는 데 조금도 망설이지 않았다.

잠시 뒤 이다스와 아폴론은 싸움을 하기 시작했다.

끔찍한 싸움이었다.

이다스는 비록 신은 아니었지만 사자보다 힘이 셌고, 아폴론과 맞서 당당하게 싸웠다.

제우스 신이 곧 이 소동을 알아차리고 그들을 갈라 놓으려 했지만 그 둘을 떼어 놓을 수가 없었다.

마침내 올림포스의 왕인 제우스가 천둥처럼 무서운 고함을 질렀을 때에야 그들은 겨우 싸움을 멈추었다.

제우스는 대체 무엇 때문에 싸웠는지 말하라고 명령했다.

"아버지 제우스 신이여, 저는 마르페사를 아내로 맞으려고 합니다. 그런데 이 인간이 감히 제 앞을 가로막고 이렇게 무례한 행동을 하고 있습니다."

아폴론이 말했다.

"신과 인간들의 아버지시여, 마르페사는 제 여자입니다. 무슨 일이 있어도 저는 그녀를 포기할 수 없습니다."

이다스도 말했다.

제우스의 판결

제우스는 잠시 동안 생각에 잠긴 채 서 있더니 마르페사를 바라보며 말했다.

"아름다운 공주여, 네게는 남편을 스스로 정할 권리가 있다. 그게 누구이든 네가 원하는 상대와 결혼할 수 있도록 해 줄 것을 내가 약속한다."

마르페사는 제우스의 판결에 대해 겸손하게 감사를 나타내고, 빛의 신 아폴론을 향해 말했다.

"아폴론이시여, 당신은 신이며 영원한 젊음을 누릴 것입니다. 하지만 저는 언젠가는 늙을 것이며 그때 당신은 저를 버릴 것입니다.

제우스 신이시여, 저는 아버지를 죽인 남자와 결혼하게 되어 있는 운명 때문에 오랫동안 불행하게 살았습니다. 저와 결혼하겠다고 몰려든 수많은 사람들 가운데 오직 이다스만이 사랑과 신중함과 굽히지 않는 용기를 보여 주었습니다. 저는 그를 사랑하며 그의 아내가 되기를 원합니다."

마르페사가 원하는 대로 모든 것이 이루어졌다.

아폴론은 제우스의 뜻에 따라 마르페사의 훌륭한 판단과 이다스의 용기에 대해 축복해 준 다음 델포이를 향해 떠났다.

아폴론의 슬픔은 오래가지 않았다.

아폴론에게는 모든 걱정을 사라지게 하고 고요와 기쁨을 가져다주는 리라가 있었기 때문이다.

황금 리라의 음률

아폴론은 올림포스 신들의 위대한 모임에서 자주 연주를 했다.

그가 황금 악기의 마술 줄에 손가락을 대면 기쁨에 찬 아홉 명의 뮤즈가 옆으로 달려와 노래를 불렀다.

영원히 사라지지 않는 달콤한 곡이 신전 안을 가득 채웠다. 분위기가 무르익으면 신들은 춤을 추기 시작했다.

뮤즈들과 카리테스가 자리에서 일어났고, 그들과 함께 사랑스러운 아프로디테도 일어섰다. 맨 앞 줄에는 아폴론의 여동생인 우아한 아르테미스가 있었다.

올림포스 신들이 일어나 춤을 추면 땅 위 세상의 불행들은 모두 사라져 버렸다.

아폴론에게도 자식들이 있었다. 그들 가운데 하나가 판이다.

판은 염소의 다리를 가진 숲의 신인데, 그에 대해서는 다음 책에서 말할 것이다.

아폴론의 또 다른 아들 가운데 하나가 유명한 의사 아스클레피오스이다.

아스클레피오스의 어머니는 테살리아 왕의 딸 코로니스였는데 그를 낳자마자 죽었다.

그러자 아폴론은 그 아이를 세상에서 가장 지혜가 높은 선생에게 맡겼다.

그 선생은 페리온산의 울창한 숲에 살고 있는, 반은 말이고 반은 사람 모습을 한 켄타우로스 종족의 케이론이었다. 아스클레피오스는 케이론 밑에서 의약에 대한 많은 지식을 배웠다.

마침내 그의 지식은 선생보다 더 뛰어나게 되었다. 아스클레피오스가 치료할 수 없는 병은 없었다. 그뿐만이 아니라 그는 죽은 자를 살리는 비밀까지 알게 되었다.

아스클레피오스

아스클레피오스는 그토록 축복받은 신이었지만 그것을 오랫동안 누리지는 못했다. 저승의 신인 하데스가 동생인 제우스에게 죽은 자를 살리는 일에 대해 불평했기 때문이다.

하데스는 지하 세계가 곧 텅 비게 될까 봐 두려웠던 것이다.

올림포스의 제왕 제우스는 아스클레피오스가 죽은 자를 다시 살린다는 말을 듣자마자 분노하며 벌떡 일어섰다. 그의 이마는 어두워졌고, 눈빛은 불꽃처럼 이글거렸다. 하늘은 즉시 검은 구름으로 가득 찼다. 번개가 치고, 천둥이 울리고, 땅이 흔들리기 시작했다. 하늘이 통째로 쏟아져 내릴 것만 같았다.

"누가 감히 이 세상의 정돈된 질서와 세상을 다스리는 법을 바꾸려고 한단 말인가?"

신과 인간의 왕은 고함을 질렀다. 제우스는 그 즉시 아스클레피오스를 번개로 내리쳐서 지하 세계로 보내 버렸다.

아폴론은 아들을 잃고 큰 슬픔에 잠겼다.

하지만 아스클레피오스의 죽음은 죽지 않는 신인 아폴론보다 반드시 죽게 되어 있는 사람들에게 훨씬 더 가슴 아프고 억울한 일이었다. 사람들은 수많은 신들 중에서도 아스클레피오스를 더욱 받들었다.

아스클레피오스는 지하 세계에 가서도 인간을 돕고 병

을 치료할 힘을 갖고 있었다.

그리스 전국에 그를 받드는 사원들이 있었고 '아스클레페이아'라고 불리는 또 다른 건물들도 있었다. 아스클레페이아는 오늘날의 병원과 같은 곳으로 각 지역에서 가장 건강에 도움이 될 만한 곳에 세워졌다.

아스클레피오스의 사제들 또한 의사였으며 환자들을 진찰하여 약초와 기도로 치료했다. 아스클레피오스는 일을 할 때 딸들의 도움을 받았다.

첫째 딸 히기에이아는 깨끗하게 생활하면 병을 막을 수 있다는 것을 가르쳐 주었다.

둘째 딸 파나케이아는 훌륭한 약제사였다. 그녀는 어디에서도 볼 수 없는 귀중한 약을 만들었다. 그 약 또한 '파나케이아'라고 불렸는데, 매우 드물고 귀한 약이라 어떤 병이든 치료했다고 전해진다.

헤르메스

아폴론의 소 떼를 훔친 헤르메스

이제 여러분은 신들 중에서 가장 꾀가 많고 솜씨가 뛰어난 헤르메스를 만나게 된다. 그는 제우스와 마이아의 아들이었다.

헤르메스는 아르카디아에 있는 키레네산의 한 동굴에서 태어났다. 그는 동굴 안으로 스며드는 태양빛을 보자마자 심술궂은 장난을 칠 궁리를 하기 시작했다.

그는 신이었기 때문에 자신의 힘을 증명하기 위해서 몇 년씩 기다릴 필요가 없었다. 헤르메스는 요람을 벗어나기도 전에 이미 장난을 쳤다.

어린 신 헤르메스의 머릿속에 아폴론의 소 떼를 훔친다는 생각을 불어넣은 게 바로 아폴론이라는 것을 누가 알았겠는가.

어쨌든 어린 헤르메스는 요람에서 기어 나와 아폴론이 올림포스 신들의 소 떼를 돌보고 있는 피에리아로 떠났다.

헤르메스는 빈틈없는 꾀로 아무에게도 들키지 않고 아폴론이 돌보던 50마리의 어린 암소들을 훔쳐 내서 펠로폰

네소스로 끌고 갔다.

그런 엄청난 일을 헤르메스는 아주 간단한 방법으로 해냈다.

헤르메스는 먼 길을 떠나기 전에 먼저 암소의 발굽들을 앞뒤가 거꾸로 되게 다시 박았을 뿐이었다. 그리고 신고 있던 샌들을 바다에 던지고 재빨리 새 신발을 만들어 신었다.

새 신발은 앞쪽이 둥그렇고 뒤꿈치가 뾰족하게 만들어진 신이었다. 그러니 누구든 소 떼와 사람이 엉터리 발자국이 난 방향으로 갔을 거라고 생각할 수밖에 없었다. 하지만 실제로 사람과 소 떼는 정반대 방향으로 간 것이다.

한 노인과의 만남

한참을 내려가다가 헤르메스는 한 노인을 만났다. 비밀이 알려질까 봐 겁이 난 아기 신은 노인에게 어린 암소 한 마리를 주면서 말했다.

"할아버지가 본 것이 있더라도 아무것도 못 본 척하고, 들은 것이 있더라도 아무것도 못 들은 척하세요, 알겠지요?"

"그렇게 하지."

노인은 암소 한 마리가 거저 생겨 흐뭇한 마음으로 대답했다.

헤르메스는 길을 따라 다시 출발했지만 아무래도 그 노인이 마음에 걸렸다.

"할아버지가 이 장난을 몽땅 망칠 수도 있어. 돌아가서

그 할아버지가 정말로 약속을 지킬 사람인지 시험해 봐야지."

아기 신은 혼자 중얼거렸다. 그래서 헤르메스는 숲속에 암소들을 숨겨 놓고 사냥꾼으로 모습을 바꿔 그 노인에게 다시 돌아가 물었다.

"노인장, 50마리의 암소를 끌고 간 아이가 어디로 갔는지 말하시오. 그러면 노인장에게 암소 한 마리에 황소 한 마리를 더 얹어 주겠소."

노인은 사냥꾼의 말을 듣자마자 당장 마음이 기울기 시작했다. 그래서 아무런 의심도 하지 않고 사냥꾼에게 헤르메스가 간 길을 알려 주었다.

"이 배신자 영감!"

헤르메스가 소리를 질렀다.

"영감 같은 사람은 어떤 꼴을 당해야 하는지 보여 주지!"

헤르메스가 그렇게 말하는 순간, 땅이 흔들리면서 산비탈에서 거대한 바윗덩이가 굴러떨어졌다. 노인은 바위에 깔려 목숨을 잃고 말았다. 그런데 그 바위는 노인의 모습처럼 생겼다.

여러분이 만약 펠로폰네소스 쪽으로 내려가 본다면 아마도 이 이야기를 떠올리게 하는 노인처럼 생긴 바위를 볼 수 있을 것이다. 설사 그 바위가 노인을 덮친 바위가 아니라 할지라도 이 전설을 떠올리게 해 줄 것이다.

헤르메스는 노인을 벌준 다음 숲으로 돌아가서 소 떼를 몰고 필로스 궁전 근처로 데리고 갔다. 거기에서 그는 어

린 암소 두 마리를 잡았다. 신들에게 제물로
바치려는 것이었다.

 하지만 어디에서 불을 구해 고기를 구울 것인
가? 이 꾀 많은 신은 금세 좋은 방법을 찾아냈다.

 헤르메스는 바짝 마른 월계수 가지 두 개를
비벼서 불꽃이 일게 했다. 그런 다음 어린
암소 두 마리를 쇠꼬챙이에 꿰어 불 위에
올려놓고 구웠다.

다 구워지자 헤르메스는 고기를 열 조각으로 나누어 각각의 신들에게 한 조각씩 바쳤다. 물론 아폴론만 빼고! 이제 올림포스의 모든 신들이 훔친 물건을 나눈 셈이 되었으니 누가 감히 헤르메스를 버리겠는가?

　헤르메스는 고기에 입도 대지 않았다. 단지 고기 굽는 냄새를 맡았을 뿐이었다. 그걸로도 충분했다.

　헤르메스는 희생물을 바친 다음 남은 소 떼를 동굴 안에 숨기고, 기분 좋게 요람 안으로 살그머니 돌아갔다.

　마이아는 그를 보자마자 하루 종일 어디에 갔다 왔냐며 야단쳤다. 헤르메스는 뻔뻔스럽게도 자기가 저지른 교묘한 장난을 아주 자랑스럽게 들려주었다.

　그러자 마이아가 불같이 화를 내며 꾸짖었다.

　"이 바보 같은 녀석아! 너는 아폴론이 두렵지도 않으냐? 무엇이든 다 맞히는 그 화살을 모른단 말이냐? 대체 무슨 짓을 저지르고 다니는 거냐?"

　"난 아폴론이 무섭지 않아요. 아폴론이 이 일을 갖고 떠들어 댄다면, 나는 델포이 신전에 가서 다 말해 버리겠어요. 그럼 모든 사람들이 아폴론을 비웃게 될걸요!"

아기 신이 당당하게 말했다.

일어나지 못해, 이 도둑놈아!

아폴론은 자신의 암소 떼가 없어졌다는 걸 금방 알아챘다. 그래서 그는 암소를 찾아 나섰다. 주변을 돌아본 그는 소 떼의 발굽 자국과 아이의 발자국을 곧 찾아냈다.

아폴론은 발자국을 따라갔지만 놀랍게도 그 발자국들은 원래 자리로 되돌아와 있었다. 이렇게 교활한 도둑이 있다니, 있을 수 없는 일이었다.

다른 사실이 숨어 있으리라고는 꿈에도 생각지 못한 아폴론은 신탁을 받기로 결심했다. 아폴론이야말로 모든 신들 가운데에서도 신의 뜻을 해석하는 능력이 가장 뛰어났다. 델포이 신전을 세운 것도 바로 그였다.

신탁은 아폴론에게 암소를 훔친 것은 헤르메스이며 그 소들은 필로스 근처의 동굴에 숨겨져 있다고 알려 주었다.

아폴론은 서둘러 그 장소로 가 보았다. 그리고 다시 한번 소 떼의 발굽 자국과 아이의 발자국이 동굴 밖으로 나와 있는 것을 보았다. 그 발자국들은 이미 동굴이 비어 있고, 소들이 벌써 떠나 버렸다는 것을 말해 주고 있었다.

'그 녀석이 나보다 먼저 와서 소들을 데리고 갔구나.'

아폴론은 또다시 거꾸로 된 발자국에 속아서 그렇게 생각하고는 동굴 안으로 한 발자국도 들어가 보지 않았다.

이제 머뭇거릴 시간이 없었다. 화가 머리끝까지 치솟은 아폴론은 훌쩍 뛰어 단번에 키레네에 도착했다.

헤르메스는 요람 안에 누워 있었다.

"어디다 소 떼를 숨겼는지 말해! 지금 당장 말하지 않으면 너를 타르타로스의 가장 깊은 곳에다 던져 버리겠다!"

아폴론은 헤르메스에게 큰 소리로 윽박질렀다.

제우스의 명령

하지만 그 꾀 많은 아기 신이 그렇게 호락호락 대답할 리가 있겠는가?

헤르메스는 아기처럼 행동하면서 시치미를 떼고 말했다.

"소 떼가 어디 있는지 내가 어떻게 알겠어요? 난 바로 어제 태어난 아기예요!"

하지만 아폴론은 꾀돌이 헤르메스가 하는 말을 믿지 않았다.

"일어나, 이 좁쌀만 한 도둑놈아! 나는 당장 너를 데리고 제우스 신에게 가야겠다. 그러면 너도 더 이상은 그 교활한 잔꾀를 부리지 못하게 될 게다, 두고 봐라!"

아폴론은 화가 치솟아 소리쳤다.

하지만 헤르메스는 그대로 누워 있었다. 아폴론은 점점 더 화가 치밀어 올랐다.

마침내 그는 참을성을 잃고 아기 신을 요람에서 끌어냈다.

"좋아요, 좋아요, 나를 이렇게 다루지 말아요. 나는 안 가겠다고 한 적이 없단 말예요."

헤르메스가 울부짖었다.

아폴론이 그를 내려놓자마자 헤르메스는 재빨리 한 마디 말을 덧붙였다.

"이제 거길 가면 나를 도둑으로 몬 게 얼마나 큰 잘못인지 알게 될 거예요."

그들은 곧 제우스 신 앞에 다다랐다.

헤르메스는 자기와 아폴론의 아버지인 올림포스의 제왕 앞에 섰을 때조차도 뻔뻔스럽게 자신이 도둑질한 사실을 잡아뗐다.

"제우스 신이여, 아시겠지요, 나는 아폴론의 암소들을 가져가지 않았다구요."

헤르메스는 제우스에게 말했다.

제우스는 모든 것을 불을 보듯 다 알고 있었기 때문에 엄한 말로 헤르메스를 나무랐다. 그리고 지금 당장 암소 떼가 숨겨진 곳으로 아폴론을 데리고 가라고 명령했다.

엄청난 놀라움

헤르메스에게는 이제 별다른 수가 없었다. 제우스 앞에

서 더 이상 농담이나 장난을 할 수 없었던 것이다.

그래서 아기 신 헤르메스는 아폴론을 데리고 필로스 근처의 동굴로 갔다.

아폴론은 땅바닥을 내려다보고 다시 한번 소 떼가 가버린 발자국을 보았다.

아폴론은 의심스러운 눈길로 헤르메스를 보면서 소리쳤다.

"이 녀석, 아직도 내 눈을 속이려 한단 말이냐? 당장 소들이 있는 곳으로 가지 못하겠느냐? 그렇지 않으면 나는 ……."

헤르메스가 달래려는 듯 부드럽게 말했다.

"진정하세요, 진정하세요! 안으로 들어가 봐요."

헤르메스는 이렇게 말한 뒤 아폴론의 손을 잡고 동굴 안으로 들어갔다.

아폴론은 자기 눈을 믿을 수가 없었다. 소 떼가 그 안에 멀쩡하게 있었다. 도대체 이런 교묘한 꾀를 쓸 줄이야! 요람의 아기에게 속다니!

아폴론은 상처난 자존심과 분노로 얼굴이 주홍빛이 되었다. 그는 더 이상 아기 신의 손을 잡고 있을 수가 없었다.

하지만 헤르메스는 아무 일도 없는 것처럼 이상한 모양의 리라를 들더니 더할 나위 없이 아름다운 노래를 연주하기 시작했다.

그 음악이 어찌나 아름다운지 머리끝까지 화가 치솟았던 아폴론도 금세 분노를 잊고 주문에 걸린 것처럼 음악을 들었다. 아폴론이야말로 음악의 신이 아니던가.

"이 이상한 악기에서 나오는 음악이 어쩌면 이렇게도 하늘의 음악같이 아름다운가! 어떤 뮤즈가 이리도 쉽게 모든 열정을 가라앉히고 분노를 쫓아낼 수 있단 말인가?"

아폴론은 감탄했다.

하지만 그 음악에 마음이 더 움직인 것은 아폴론보다 헤르메스였다.

우정의 탄생

헤르메스는 마음속에 변화가 일어나는 것을 느꼈다. 그는 이제 자신이 저지른 행동에 부끄러움을 느꼈다.

"그런 짓을 해서는 안 되었는데……."

헤르메스는 아폴론에게 리라를 건네주며 말했다.

"이제 나한테 화내지 않는다는 뜻으로 이 리라를 받아 주세요. 이것은 내가 직접 만든 악기예요. 나는 빈 거북 껍질에 줄을 매달아서 이것을 만들었어요. 얼마나 아름다운 소리가 나는지는 벌써 들어서 알고 있겠지요?"

음악의 신에게 그 악기는 무엇보다도 가장 바라던 선물이었다. 아폴론은 몹시 흐뭇해하며 불멸의 신들 중 그 누구보다도 헤르메스가 가장 소중하다고 맹세했다. 그들은 똑같이 기뻐했다.

헤르메스 역시 아폴론에게 리라를 내줄 때 자신의 한 부분을 떼어 내 준 것처럼 느껴졌고 몹시 행복했다. 리라를 주는 것으로 아폴론과의 사이에 우정이 생겨났다는 사실을 알았기 때문이다.

드디어 헤어질 시간이 되었을 때 아폴론은 잠시 생각에

잠기더니 말했다.

"헤르메스, 암소 떼를 가져가라. 네가 그것을 나의 선물로 받아 주기 바란다. 우리의 우정을 간직하길 원한다면 거절하지 말고 받아라."

그런 다음 그들은 서로의 선물에 대해 대단히 기뻐하면서 헤어졌다.

전령의 신 헤르메스

그리하여 헤르메스의 첫 번째 심술궂은 장난은 끝이 났다.

하지만 그게 끝은 아니었다. 그 어린 신은 장난을 치지 않고는 배겨 내지 못했다.

한 번은 포세이돈의 삼지창을 몰래 숨겼고, 다음 번에는 아레스의 창을, 그리고 또 한 번은 감히 아버지 제우스 신의 상징물인 왕홀(왕이 손에 지니고 있는 물건)을 숨기려 했다. 만약 제우스가 왕홀을 바로 찾아 내지 못했다면 어떤 무시무시한 일이 일어났을지 누가 알겠는가.

헤르메스는 소년이었을 때 뼈아픈 교훈을 배웠다. 그는

아버지의 벼락을 훔치려고 다가갔다.

하지만 그가 벼락에 손을 대자마자 갑자기 불길이 확 치솟았다. 그리고 잇따라 엄청난 천둥소리와 번갯불이 내리쳤다.

헤르메스는 불에 손가락을 데이고는 너무 아파 비명을 질렀다. 하지만 천둥과 번개의 요란한 소리도 아버지의 화난 부르짖음에 비하면 아무것도 아니었다. 헤르메스는 곧 잘못을 깨달았다. 그렇게 바보 같은 짓을 한 게 너무도 창피스러웠다.

하지만 헤르메스는 자신의 교묘한 꾀를 좋은 데에 쓰기도 했다. 앞 장에서 우리는 그가 제우스의 힘줄을 티폰으로부터 훔쳐 와서 아버지의 손과 발에 다시 끼워 넣어 제우스가 소름끼치는 괴물을 물리치는 데 도움을 준 것을 보았다.

그 누구도 헤르메스보다 재주 많고 지혜롭고 재빠르지 못했다. 그는 발목에 날개가 달려 있어서 몇 초 만에 지구 맨 끝까지 날아갈 수 있었다.

그런 까닭에 헤르메스는 신들의 명령을 전하는 전령이

었다. 특히 제우스는 특별한 명령을 내릴 때 그의 능력을 자주 사용했으며, 가장 어려운 일도 그에게 맡겼다.

올림포스의 제왕이 무슨 일을 시키든 꾀 많고 재빠른 헤르메스는 시원스럽게 그 일들을 척척 해냈다.

헤르메스는 자신처럼 교묘한 꾀를 지닌 사람들을 특별히 사랑했다. 그래서 그는 장사꾼과 법률가의 보호자였다.

그는 전령이라는 역할로 자신의 보호 아래 있는 사람들에게 재산과 행복을 가져다주었다.

심지어 헤르메스는 도둑까지 보호해 주었다. 하지만 그들 대부분은 끝이 좋지 않아서 자신들의 운명을 그렇게 내버려 둔 헤르메스를 원망했다.

그리고 그는 농부와 노동자, 특히 목동을 보호했다. 앞에서 본 것처럼 그는 갓난아기였을 때 이미 소 떼를 얻었다. 날개 달린 그의 모자조차 목동의 모자였다.

또한 잘생기고 힘이 센 헤르메스는 젊었을 때 야외에서 하는 운동을 좋아했다.

헤르메스와 나그네

　헤르메스는 운동을 하는 사람들의 보호자로서, 모든 경기에서 규칙이 잘 지켜지는지 확인하는 일을 했다. 모든 육상 경기장 옆에 헤르메스의 조각상이 놓여 있는 것은 그런 까닭이다.

　나그네들은 길을 걸어가다가 길이 갈리는 곳이나 중간 지점에서 헤르메스의 조각상에 기댄 채 쉬기도 했다. 그곳에 있으면 헤르메스의 보호 아래 안전하게 쉴 수 있었다.

　어떤 도둑도 헤르메스의 조각상 밑에서 쉬고 있는 사람을 공격하지는 않았다.

　헤르메스의 조각상 기둥에는 나그네들에게 쓸모 있는 정보가 새겨져 있기도 했다. 그 정보는 전에 그 길을 가 보지 못한 사람들에게 큰 도움을 주었다. 게다가 배고픈 나그네들을 위해 기둥 밑에 약간의 음식을 놔두는 따뜻한 관습도 있었다.

　그의 교묘한 장난과 간사한 방법들에도 불구하고 헤르메스는 올림포스 신들 중에서도 신에게나 인간에게나 가

장 인기 있는 신 가운데 하나였다. 심지어는 그의 결점들 때문에 그를 받드는 사람들도 많았다.

하지만 헤르메스는 사람들이 영리하고 분명하게 생각하기를 바랐고, 바로 그런 사람들을 특별히 좋아했다.

헤르메스의 아들 다프니스

영리하고 친절한 헤르메스는 숲속 요정들의 마음을 사로잡았다. 시칠리아의 한 요정이 헤르메스의 아들을 낳았는데, 그녀는 아이를 월계수 덤불 속에 내다 버렸다.

물의 요정 몇 명이 그 아기를 월계수 숲에서 찾아내서 '다프니스'라는 이름을 지어 주었다. 그리스 말로 다프니스는 월계수를 뜻했다.

요정들은 다프니스가 좋은 목동이 되도록 정성껏 키웠다.

다프니스는 음악을 사랑했으며 염소의 발굽을 가진 숲의 신 판한테 피리 부는 법을 배웠다. 그 피리가 바로 판 플루트였다.

다프니스는 직접 노래를 만들어 부르고 판 플루트로 연주했다. 그는 노래 가사 속에 목동의 삶과 숲과 산과 목장의 아름다움을 담았다. 그는 자연을 찬미하는 최초의 전원시인이 되었다.

헤르메스는 아들 다프니스를 무척이나 사랑했다. 아들 덕분에 아버지의 이름이 신뢰를 얻게 되었기 때문이다.

게다가 다프니스는 자신이 연주하는 곡과 그 곡에 붙인 노랫말 때문에 온 세상에 알려지게 되었다.

이 잘생기고 우아한 목동을 '에케나이스'라는 요정이 사랑하게 되었다.

그들은 시칠리아 전체에서 가장 잘 어울리는 한 쌍이 되었다. 요정 역시 사랑스럽고 달콤한 목소리를 가지고 있었다.

에케나이스가 노래하고 다프니스가 판 플루트를 연주할 때면 마치 올림포스의 뮤즈들이 노래하고 판이 직접 연주하는 것만 같았다.

다프니스와 에케나이스

그들의 행복에 그늘을 드리우는 것은 아무것도 없었다. 그런데도 에케나이스는 애인을 잃을지도 모른다는 두려움에 사로잡혀 있었다.

"내 사랑, 다프니스. 나는 행복을 느끼면 느낄수록 자꾸만 더 두려워져요. 우리의 행복이 무너지는 장면이 몇 번이나 눈앞에 어른거려요. 나는 당신을 잃을까 봐 두려워요. 다프니스, 만약 그런 일이 일어난다면 나는 차라리 죽어 버리겠어요."

에케나이스가 말하자 다프니스는 그녀의 손을 잡고 말했다.

"내 사랑, 우리의 운명은 신들만이 알고 있소. 만약 내가 죽어야 한다면 마음을 단단히 다지고 씩씩하게 살아 나가요. 하지만 내가 살아 있는 한 당신을 잊는다는 것은 불가능하오. 신들 앞에서 맹세하겠소. 만약 내가 다른 여자 때문에 당신을 떠나게 된다면 당신이 직접 내 눈을 멀게 만들게 해 달라고."

하지만 운명의 신은 바로 다음 날 그 불가능한 일이 일어나도록 만들고 말았다.

사냥을 하러 나간 다프니스는 짐승들을 쫓다 지쳐 바위

위에 걸터 앉았다. 그는 잠시 쉬어 갈 생각에 판 플루트를 꺼내 불기 시작했다.

그런데 바로 그 근처 숲속에는 무성한 나무 덤불 뒤로 눈부신 궁전이 숨어 있었다.

다프니스의 판 플루트에서 흘러나오는 달콤한 음악 소리는 부드러운 바람에 실려 궁전의 열린 창가로 곧장 날아갔다.

창가에는 공주가 앉아 있었다. 공주는 그 음악의 아름다움에 빠져들어 열심히 귀를 기울이고 있었다. 판 플루트의 마지막 소리가 흘러나와 사라지자 공주는 계단을 뛰어내려왔다.

공주는 궁전 문 앞에 서서 그 음악가를 보게 되기를 바랐다.

한편 다프니스는 한낮의 더위 때문에 물을 찾느라 숲속을 돌아다니고 있었다. 그러다가 그는 갑자기 궁전 문 앞에 서게 되었다. 바로 그 순간 공주도 달려 나왔다.

다프니스와 공주는 그 자리에서 딱 부딪치게 된 것이었다.

망각의 물

판 플루트를 들고 있는 젊고 잘생긴 다프니스를 보는 순간 공주는 사랑에 빠졌다. 그래서 그를 궁전 안으로 초대했다.

"공주님, 목마름이나 가시게 물 좀 주시면 곧 길을 떠나겠습니다. 제 애인이 제가 돌아오기를 몹시 기다리고 있을 겁니다."

다프니스가 대답했다.

하지만 공주는 보통 여자가 아니었다. 그녀는 뛰어난 마술 능력을 가지고 있었다.

공주는 모든 것을 잊게 하는 마법의 약초 즙을 다프니스가 마실 물에 몇 방울 떨어뜨렸다.

공주는 문 앞으로 와서 미소를 지으며 다프니스에게 잔을 내밀었다.

바로 그 순간 갑자기 부드러운 바람이 불어왔다. 나뭇잎들은 나무 위에서 살랑거리며 속삭였다. 마치 이런 말이 들리는 것 같았다.

"다프니스, 안 돼! 그걸 마시지 마! 공주의 눈이 보이지 않니? 그건 마녀의 눈이야, 다프니스!"

하지만 다프니스의 귀에는 오직 찰랑거리는 물소리만 들릴 뿐, 아무 소리도 들리지 않았다.

그는 두 손을 내밀어 잔을 받았다.

"다프니스, 안 돼! 망각의 물을 마시지 말아. 그걸 마시면 너는 우릴 잊게 될 거야!"

그 소리가 다시 울렸다.

"저건 바람 소리일 거야. 여기엔 공주와 나말고는 아무도 없어. 게다가 나는 너무나 덥고 목이 말라서 물을 마셔야만 해."

다프니스는 혼자 중얼거리면서 단숨에 잔을 비웠다.

눈이 먼 다프니스

그리하여 다프니스는 타는 목마름을 달랬다. 그 대가로 그는 사랑하던 요정과 받들어 모시던 신들과 그 밖의 모든 것을 잊었다.

공주는 다프니스의 손을 잡고 궁전으로 데리고 들어갔다.

에케나이스는 다프니스가 돌아오기를 기다렸다. 시간이 갈수록 걱정이 깊어졌고 그녀는 그를 찾아 이리저리 돌아다니기 시작했다. 그러다 우연히 바로 그 궁전의 문 앞에 서게 되었다. 그곳에는 문지기 두 사람이 서 있었다.

"나는 다프니스를 찾고 있어요. 판 플루트를 가지고 다니며 노래를 부르는 사람이에요. 혹시 그 사람이 이 길로 지나가지 않았나요?"

에케나이스가 흐느끼며 물었다.

"다프니스를 찾지 말아요. 그는 이제 공주의 연인이 되었소. 그가 당신을 잊었듯이 당신도 그를 잊어버려요."

한 문지기가 에케나이스를 알아보고 말했다.

에케나이스는 미친 짐승처럼 궁전 안으로 뛰어들어갔다. 그 누구도 그녀를 막을 수 없었다. 에케나이스는 곧 다프니스를 찾아냈다. 다프니스는 그녀의 얼굴을 바라보았다. 그는 마치 벼락을 맞아 끔찍한 악몽에서 깨어나는 것만 같았다.

"에케나이스……"

다프니스가 더듬거리며 말했다.

"맹세, 그 맹세, 오 신이여!"

에케나이스는 울부짖었다. 그녀의 불타는 두 눈이 다프니스의 눈을 불태울 것처럼 이글거렸다.

다프니스가 에케나이스를 바라보았을 때 그의 눈은 두려움으로 커졌다. 그러자 엄청난 아픔이 두 눈을 뚫고 지나갔다.

그는 참을 수 없는 괴로움 때문에 자기도 모르게 눈을

감았다. 다프니스가 다시 눈을 떴을 때 그는 더 이상 아무것도 볼 수 없게 되었다.

다프니스의 죽음

이제 다프니스는 눈이 멀었다. 그는 자신의 판 플루트로 슬픈 곡을 불었다. 또한 한때는 온 세상에서 가장 달콤했지만 이제는 가장 쓰디쓴 슬픔으로 변해 버린 사랑을

노래했다. 그러면서 그는 숲 사이의 길로 더듬거리며 들어섰다.

그러던 어느 날이었다. 그날도 다프니스는 아무런 목적도 없이 헤매 다니고 있었다. 한낮이었지만 눈이 먼 그에게는 어둠 속이었다. 그는 어둠 속에서 앞을 더듬어 찾다가 그만 바위에서 떨어져 죽고 말았다.

헤르메스는 아들이 숨이 끊어진 것을 발견하고 그를 올림포스로 데려갔다.

그 뒤 다프니스가 떨어진 바위 밑에서는 아름다운 샘 하나가 솟아 나왔다.

오늘날에도 시칠리아 사람들은 퐁퐁 솟는 이 샘의 물소리에 귀를 기울이면 다프니스의 판 플루트 소리를 들을 수 있다고 한다.

데메테르

곡물, 대지의 여신

이야기는 아득한 옛날, 올림포스 신들과 티탄족과의 처절한 전쟁이 막 끝난 때로부터 시작된다.

세상에서 가장 치열했던 전쟁이 끝나자, 제우스와 올림포스의 신들은 거대한 티탄족을 몰아내고 이 세상의 새 주인이 되었다.

전쟁은 끝났지만 올림포스 신들은 여러 가지 어려운 문제에 부딪치게 되었다.

그중에서도 가장 급한 문제는 사람들을 굶주림에서 구

하는 일이었다. 사람들이 곳곳에서 굶어 죽고 있었다.

10년 동안의 참혹한 전쟁으로 온 세상은 이미 황폐해질 대로 황폐해졌다. 풀 한 포기 남아 있지 않았고, 전쟁에서 간신히 살아남은 사람들은 굶주린 채 신들의 도움을 바라며 이리저리 무리 지어 떠돌아다녔다.

제우스 신은 이제 하늘과 땅의 주인이었다. 그는 불쌍한 사람들을 돕기 위해 데메테르 여신에게 세상의 모든 들과 숲을 책임지고 다스릴 수 있도록 맡겼다.

대지에 열매를 맺게 하여 사람과 짐승들이 배불리 먹게 하는 것이 데메테르의 임무가 되었다.

제우스 신의 선택은 현명했다. 데메테르 여신만큼 푸른 풀밭과 순한 짐승들을 사랑하는 신은 없었다. 데메테르 여신은 특히 사람들을 가장 사랑했다.

여신은 이 황폐한 대지를 다시 살아나게 만드는 힘든 과업에 온 정성을 쏟으며 달려들었다.

초원은 이내 초록 양탄자로 뒤덮이고, 나무에는 가지가 휘도록 열매가 주렁주렁 열렸다. 사람들은 굶주림의 고통에서 벗어나면서 점점 숫자도 늘어나기 시작했다. 하지만 마음씨 착한 여신에게는 이것만으로는 충분하지 않았다.

아득히 먼 그 시대에 사람들은 아직 농사짓는 법을 몰랐다. 그들은 숲속에서 사나운 짐승들과 거친 자연과 싸우면서 야생 동물처럼 살았다.

동굴 속이나 나뭇가지로 대충 만든 곳에서 살았고, 먹을 것이라고는 나무에서 딴 야생 열매뿐이었다. 어쩌다 운이 좋으면 쫓아가서 돌이나 간단한 도구로 사냥한 짐승의 고기를 먹을 수 있었다.

인간은 처음에 짐승처럼 살았다

사람들은 이곳 저곳으로 옮겨 다녀야 했다. 한 장소에서 지내다 먹을 것이 떨어지면 다른 장소로 옮겨 가서 먹을 것을 구해야 했기 때문이다.

하지만 아무것도 구하지 못하는 날도 많았기 때문에 자주 굶주림에 시달렸다. 때로는 열매를 따 모으거나 사냥을 하러 나갔다가 다른 종족 사람들과 맞닥뜨리기도 했다. 그러면 싸울 수밖에 없었다. 나무 열매를 따고 그 숲에서 사냥할 권리가 어느 쪽에 있는지를 결정짓기 위해

피비린내 나는 싸움을 벌여야 했다.

사람들이 이토록 고통 겪는 것을 본 데메테르는 몹시 가슴이 아팠다. 무슨 수를 써야만 했다. 사람들이 좀더 풍요롭고 편하게 살 수 있는 방법을 찾아내야만 했다.

울창한 그늘을 드리운 숲과 드넓은 초원은 아름다웠다.

하지만 사람들의 배고픔을 만족시켜 주지는 못했다. 이제까지 사람들이 살아 온 방식이 바뀌지 않는 한 별도리가 없었다.

어느 날, 데메테르 여신은 바위 위에 앉아 생각에 잠긴 채 푸른 초원을 바라보고 있었다.

그때 문득 한 가지 생각이 번개처럼 떠올랐다. 그것이야말로 오랫동안 여신을 괴롭혀 온 문제를 시원하게 풀어 주는 해답이 될 것이었다.

"그래, 그러면 되겠구나!"

여신이 소리쳤다.

"사람들에게 농사짓는 법을 가르치는 거야!"

데메테르는 벌떡 일어나 이리저리 서성이기 시작했다. 마음이 들떠 공중으로 펄쩍 뛰어올랐다가 기쁨에 겨워 손뼉을 치면서 어쩔 줄을 몰라 했다. 그 모습은 마치 이 세상에 기쁜 소식을 전하려는 어린아이와도 같았다.

여신의 생각은 날개를 달고 날아올랐다. 생각이 멀리 날아오를수록 여신의 기쁨은 더욱더 커졌다.

"사람들의 생활은 눈에 띄게 달라질 거야. 일단 땅을 가는 법을 배우면 농토가 생기게 되지. 농토가 생기면 이리저리 떠돌아다니지 않아도 될 테고. 그럼 집을 짓고 마을을 이루고 살게 되는 거지. 자기 집과 뜰을 가꾸고 가축을 기르게 될 거야.

그러다 보면 예술과 문학을 배우게 되고, 멋진 도시도 건설하게 될 거야……. 그래! 그럼 더 이상 자기들끼리 싸울 필요도 없겠지. 각자 농토와 고향을 갖게 될 테니까 말이야. 그런 식으로 모든 일이 차례차례 풀려 나가는 거지. 사람들이 농사짓는 법을 배우면 이 모든 일을 이뤄 낼 수 있을 거야. 아아, 나는 너무나 행복해!"

농사짓는 법을 배우는 인간

선량한 여신은 머뭇거리지 않았다. 서둘러 평범한 여인으로 변장한 다음 땅으로 내려와 일을 시작했다.

사람들을 이해시킨다는 것은 참으로 힘든 일이었다. 데메테르는 혼자 수없이 땅을 파고 씨앗을 심고 물을 주었다. 그리고 사람들에게 자기가 한 일을 보여 주면서 그 일

의 중요성을 차근차근 설명해 주었다.

하지만 여신은 온갖 어려움에 부딪쳤다. 많은 사람들이 여신을 비웃었다. 그들은 실제로는 무식하면서도 자기네가 모든 걸 다 안다고 여기는 사람들이었다.

그들이 말했다.

"이 여자는 미친 거야. 신들이 만들어 놓은 세상을 우리가 어떻게 바꾼다는 거야?"

그런 가운데에도 지혜로운 사람들은 여신이 하는 일을 주의 깊게 지켜보았다. 그러고는 자신들이 부족하다는 것을 깨달았다. 그들은 지금 새로운 것을 배우고 있는 것이었다. 이 사실을 깨달은 사람들은 온 힘을 다해 땅을 경작하는 일에 매달렸다.

대가는 곧 찾아왔다.

그들이 직접 씨를 뿌려 거둬들인 수확은 예전에 숲에서 열매를 따던 것보다 훨씬 많았다. 이마에 구슬땀을 흘리

며 물을 준 들에서는 탐스러운 옥수수가 자라났다. 제 무게를 못 이겨 축 늘어진 옥수수를 바라보는 사람들의 가슴은 이루 말할 수 없는 만족감으로 뿌듯하게 차올랐다.

문명의 시작

이제 어느 것이 옳은지가 분명해졌다. 차츰차츰 모든 사람들이 땅을 갈기 시작했다. 그들은 이제 풀뿌리와 나무 열매를 찾아 숲속을 헤매고 다니지 않았다.

사람들은 집을 짓고, 마을을 이루고, 가축을 기르기 시작했다. 예술과 문학을 배우고 도시를 세운 다음, 신전과 조각상들을 세워 아름답게 꾸몄다.

이렇게 해서 문명이 생겨난 것이다.

피에 굶주린 못된 전쟁의 신 아레스가 끊임없이 사람들을 부추겨 싸움을 붙이지만 않았더라면 언제까지나 평화가 계속될 수 있었을 것이다.

이제 아레스는 일하기가 더욱 힘들어졌다. 새로운 생활 방식에 익숙해진 사람들은 전쟁을 미워했다. 그들은 전쟁이야말로 세상에서 일어날 수 있는 가장 끔찍한 저주임을 깨달았던 것이다.

데메테르는 평화의 여신 이레네의 도움을 받아, 아레스를 끊임없이 감시하여 전쟁을 일으키려는 그의 계략을 잘 막아 냈다. 이렇게 해서 땅 위에는 오랜 기간 평화가 계속되었다.

문명은 발전했고 여신은 행복했다.

하지만 아레스가 목적을 이루어 사람들 사이에 전쟁이 일어나는 적도 있었다. 그럴 때면 데메테르는 수십 수백

년에 걸쳐 쌓아 온 문명이 한순간에 파괴되는 것을 보고 슬픔에 잠기곤 했다.

'신들이나 사람들이나 진정한 행복을 얻을 수 없기는 마찬가지인가 보구나. 오늘은 모든 것이 잘 되어 나가다가도 다음 날이면 몽땅 잿더미가 되니까 말이야.'

데메테르는 이런 우울한 생각에 자주 사로잡히곤 했다.

어느 날 여신은 올림포스 산기슭을 슬픔에 잠겨 거닐고 있었다. 그런데 이번에는 불길한 예감이 머리 한구석에서 떠나지 않는 것이었다.

진초록의 들판이 펼쳐진 곳에 이른 데메테르는 바위 위에 걸터앉았다.

여신의 눈길은 몽롱했고 얼굴빛은 시름에 잠겨 있었다.

갑자기 여신의 머릿속에 딸 페르세포네가 퍼뜩 떠올랐다. 막연한 불안감은 이내 커다란 걱정으로 부풀어올랐다.

페르세포네는 여신의 외동딸이었다. 여신은 이 세상 그 무엇보다도 딸을 끔찍이 사랑했다.

"내 딸에게 나쁜 일이 일어난 거야!"

여신은 이렇게 부르짖으면서 소스라쳐 벌떡 일어섰다.

갑자기 사나운 바람이 휘몰아치기 시작했다. 곧이어 가슴을 쥐어뜯는 비명 소리가 바람 소리를 누르며 데메테르 여신의 귀에 들려왔다.

"엄마, 저들이 나를 데려가려 해요!"

사라진 페르세포네

절망에 찬 비명 소리는 산을 넘고 바다를 건너 저 멀리 올림포스산까지 들려왔다. 페르세포네는 딱 한 번 비명을 질렀을 뿐이었다.

하지만 울려 퍼지는 메아리에 비명 소리는 계속 들려왔다. 그 소리는 산자락과 골짜기를 훑으며 휘몰아치는 바람결에 섞여 이제 다른 소리처럼 들리기 시작했다.

어떤 때는 비명처럼 들리다가 어떤 때는 흐느낌처럼 들렸다. 또 어떤 때는 메아리치며 울려 퍼지기도 하고, 희미한 속삭임이 되어 사라지기도 했다.

데메테르 여신의 머릿속은 뱅글뱅글 소용돌이치기 시작했다. 애간장이 타 들어가면서 여신의 가슴은 당장에라도 터져 버릴 것만 같았다.

"엄마, 저들이 나를 데려가려 해요!"

그것은 여신의 외동딸 페르세포네의 목소리였다.

천 개의 벼락이 한꺼번에 여신의 머리 위에 떨어진다 해도 방금 들은 비명 소리보다 더 큰 충격에 빠뜨리지는 못했을 것이다.

여신은 한달음에 올림포스산을 달려 내려와 딸을 찾아 사방을 헤매기 시작했다. 때로는 사막 위를 지나갔고 때로는 바다 위를 내달았다.

"페르세포네! 페르세포네!"

데메테르는 목이 터져라 큰 소리로 딸을 불렀다. 여신은 눈물을 흘리면서 딸을 찾아 온 땅을 헤매고 돌아다녔다. 마침내 여신의 발걸음은 꽃이 가득 피어 있는 니사의 골짜기까지 이르렀다.

그곳에서 여신은 한 무리의 강의 요정들을 만났다. 아름다운 오케아니스들은 페르세포네의 가장 친한 친구들이었다.

데메테르는 재빨리 오케아니스들에게 다가갔다.

하지만 그들은 아무것도 보지 못한 모양이었다.

여신이 부르짖었다.

"어서 말해 다오, 얘들아. 내 딸은 어찌 되었느냐? 누가 내 외동딸을 데려갔느냐?"

"가엾은 여신이시여, 저희는 아무것도 모릅니다. 저희도 비명 소리만 들었을 뿐이에요."

오케아니스들이 대답했다.

"페르세포네는 우리와 함께 꽃을 꺾고 있었는데……. 보세요, 여기 바구니가 있잖아요. 우린 페르세포네가 혼자 다른 데로 간 줄도 모르고 있었어요. 그러다가 비명 소리를 들었어요. 그게 다예요."

페르세포네를 찾아 헤매는 데메테르 여신

더 이상 들어 볼 것도 없었다. 여신은 눈물을 줄줄 흘리면서 딸을 찾아 허둥지둥 발걸음을 재촉했다.

그렇게 아흐레 동안 딸을 찾아 헤매 다녔다.

하지만 어디에서도 페르세포네의 자취를 찾을 수 없었다. 힘없는 인간에게 물어봐도 지혜로운 예언자에게 물어봐도 똑같은 대답이 돌아왔다.

그들은 아무것도 몰랐다.

열흘째 되던 날 저녁, 하늘에 상현달이 떠올랐을 때였다. 달의 여신 헤카테가 데메테르 앞에 나타나 말했다.

"슬퍼하는 당신의 모습을 보고 도움이 되고 싶어 왔습니다. 여신의 따님에 대해 아무도 알지 못하니, 제가 당신을 태양신 헬리오스 님에게 모셔다드리지요. 그분만이 누군가 따님을 데려가는 것을 보았을 거예요."

두 여신은 황금빛으로 빛나는 태양신의 궁전에 다다랐다. 그들은 부신 눈을 손으로 가린 채 위대한 낮의 신 앞에 섰다.

태양신의 궁전에서

데메테르를 본 태양신은 그녀가 찾아온 이유를 알아차렸다.

"여신이여, 당신에게 닥친 불행한 일에 진심으로 위로의 말을 전합니다. 하지만 페르세포네에게 일어난 일은 아버지 제우스 신의 뜻이랍니다. 제우스는 따님을 저승의 왕 하데스에게 신부로 주었습니다. 페르세포네는 지금 지하 왕국에 있습니다. 앞으로 따님은 햇빛을 볼 수 없을 것입니다."

이 말을 듣는 순간, 데메테르의 얼굴은 하얗게 질려 금방 쓰러질 것만 같았다. 여신의 눈에서 눈물이 비처럼 쏟아지기 시작했다.

태양신은 계속 말을 이었다.

무서운 진실

"페르세포네는 친구인 오케아니스들과 꽃이 가득 피어 있는 니사의 골짜기에서 꽃을 꺾으며 놀고 있었답니다. 푸른 초목과 향긋한 꽃이 가득 핀 아름다운 곳이지요. 새들이 지저귀고 시냇물이 졸졸 노래하며 흐르는 곳이고요. 페르세포네는 아름다운 경치에 흠뻑 취하여 이 꽃에서 저 꽃으로 나비처럼 팔랑팔랑 춤추며 돌아다녔지요. 그러느라 친구들에게서 멀리 떨어져 나온 줄도 모른 거지요.

페르세포네가 이렇게 세상 근심 걱정 없이 아름다운 경치를 즐기고 있는 동안, 저승의 왕 하데스가 근처에서 기다리고 있었답니다. 땅의 갈라진 틈새 속에 숨어서 말이지요. 페르세포네는 문득 꽃잎이 막 피어나는 사랑스러운 수선화 한 떨기를 보았지요. 따님은 꽃을 꺾어 얼굴에 가까이 갖다 대곤 은은한 향기를 맡았어요. 페르세포네는 언제나 아리따운 아가씨였어요. 하지만 그 순간에는 그 어느 때보다도 더 사랑스러웠습니다. 이 모습을 처음부터 지켜보고 있던 하데스는 더 이상 참을 수가 없었던 겁니다. 저승의 신은 검은 채찍을 휘둘러 땅을 산산이 가른 다음 햇빛 속으로 쑥 나섰습니다. 숯덩이처럼 검은 저승의 말들이 끄는 황금 마차에 올라탄 채 말이지요.

하데스는 눈 깜짝할 새에 페르세포네를 옆구리에 낚아챘습니다. '엄마, 저들이 나를 데려가려 해요······.' 따님은

가까스로 외마디 비명을 질렀어요. 다음 순간, 햇빛에 눈이 먼 저승의 말들은 캄캄한 땅속으로 꺼져 들어가 버렸습니다."

태양신의 이야기를 들을수록 데메테르의 슬픔은 더욱 커져만 갔다.

헬리오스는 여신을 위로하려고 애썼다.

"슬퍼하지 마세요, 여신이여. 하데스는 위대한 신입니다. 게다가 지하 왕국은 끝없이 넓은 곳입니다. 죽은 자들의 숫자가 산 자들보다 훨씬 더 많으니까요. 따님은 황금 궁전에서 살 것입니다. 또 무수한 망령들이 불멸의 신 하데스를 받드는 것처럼 따님을 찬미하고 숭배할 것입니다. 하데스가 누굽니까. 전능하신 제우스 대신의 형님이시자 당신에겐 오빠가 되는 분이 아닙니까."

어머니의 슬픔

하지만 이런 말은 데메테르에게 아무 위안이 되지 못했다. 여신은 오히려 더욱더 큰 슬픔에 잠겼다.

모든 것이 분명해졌다. 이제 여신은 세상에서 가장 소

중한 외동딸을 잃었음을 깨달았다.

 이 고통스러운 깨달음은 여신이 앞으로 살아갈 의욕을 꺾어 놓았을 뿐만 아니라 여신이 창조해 낸 모든 아름다움까지도 모조리 망가뜨렸다.

 이제 땅에서는 아무 곡식도 자라나지 않았다. 살을 에는 북풍이 휘몰아쳐 나뭇가지에서 가랑잎을 벗겨 내고는 하늘로 소용돌이치며 날려 보냈다.

 사랑스러운 꽃들과 푸른 초원도 사라졌다. 탐스럽게 익어 가던 곡식은 축 늘어져 시들어 버리고, 향기로운 과일은 제풀에 말라 쭈그러졌다.

 아무것도 남지 않았다. 사람, 짐승, 새 할 것 없이 추위와 배고픔에 떨다가 죽어 갔다. 사방에서 비참하게 울부짖는 소리가 들려왔다.

 모든 사람들이 데메테르 여신에게 다시 땅을 푸르게 만들어 달라고 간청했다. 나무에 열매가 맺히고 세상 사람들의 얼굴에 웃음이 돌아오게 해 달라고 애원했다.

 하지만 크나큰 슬픔에 잠긴 데메테르에겐 다른 슬픔과 비극은 들리지도 보이지도 않았다.

여신은 어머니인 자신의 감정을 무시한 채 딸을 하데스에게 주어 버린 제우스 대신에게 몹시 화가 났다. 두 번 다시 올림포스산을 쳐다보고 싶지 않았다.
 자식을 잃고 슬퍼하는 인간의 어머니들처럼, 여신은 눈물을 흘리고 울부짖으며 땅 위 이곳저곳을 떠돌아다녔다.

통곡의 돌

이렇게 떠돌던 데메테르는 마침내 엘레우시스 성문 앞에 이르렀다. 그곳에는 우물이 있었다. '처녀들의 우물'이라고 불리는 이 우물은 지금도 그 자리에 있다.

지친 데메테르는 우물물을 조금 마신 다음 큼직한 돌 위에 걸터앉았다. 그때부터 그 돌은 '통곡의 돌'이라는 이름이 붙여졌다.

여신은 슬픔에 잠겨 몇 시간을 그 자리에 앉아 있었다. 그러다가 물을 길러 온 네 명의 처녀가 여신을 발견했다.

처녀들은 검은 옷을 입은 여인이 눈물을 흘리고 있는 것을 보자 불쌍하게 느껴졌다. 그래서 여인에게 이름이 무엇이며 자기들이 무엇을 도와주면 좋겠는지 물었다.

"내 이름은 디오라오."

정체를 밝히고 싶지 않았던 데메테르는 이렇게 대답했다.

"나는 크레테 사람인데 해적들한테 납치되었다가 간신히 도망쳤다오. 그때부터 여기저기를 떠돌고 있지 뭐요. 그런데 여기는 대체 어디요? 보아하니 그대들은 부유하고 친절한 집안 처녀들 같은데, 나는 온갖 집안일을 다 할 줄 안다오. 아이도 기를 수 있고, 노인의 시중을 잘 들 수 있고, 하녀들을 감독할 수도 있다오."

"우리는 엘레우시스의 왕인 켈레오스의 딸들이랍니다."

처녀들 가운데 맏이가 말했다.

"우리를 따라오세요. 저희 어머니 메타네이라 왕비에게 데려다 드릴게요. 어머니는 마침 저희 갓난 동생 데모폰을 돌봐 줄 참한 여자분을 구하고 계세요."

이렇게 해서 처녀들은 낯선 여인을 궁전으로 데리고 갔다.

데메테르가 문지방을 넘는 순간, 온 궁전이 휘황찬란한 빛으로 가득 찼다.

깜짝 놀란 메타네이라 왕비는 벌떡 일어나 나그네를 맞아들여 자기 의자에 앉도록 권했다. 이 여인이 보통 사람이 아니라는 것을 느꼈기 때문이다.

데메테르는 앉기를 마다하고 왕비의 시녀인 이암베가 간이 의자를 가져올 때까지 수심에 찬 얼굴로 그대로 서 있었다.

이암베의 묘기

데메테르의 슬픈 얼굴을 보자 이암베는 우스갯소리를 늘어놓아 여신을 웃기려고 애썼다. 어찌나 우스꽝스러운 표정을 짓고 재미난 몸짓을 하는지, 여신의 입가에도 마침내 미소가 떠올랐다.

데메테르는 그들이 따라 주는 포도주도 한 잔 받아 마

셨다. 외동딸 페르세포네를 잃은 뒤 처음으로 여신의 가슴 속에 작은 행복이 스며들었다.

데메테르는 켈레오스의 궁전에 머물렀고 메타네이라 왕비는 여신에게 갓난 아들 데모폰의 보모가 되어 달라고 했다. 데메테르는 왕과 왕비의 친절에 보답하고자 데모폰을 영원히 죽지 않는 사람으로 만들어 주기로 마음먹었다.

여신은 먼저 아기를 품에 안고 폐 속에 불사의 입김을

불어넣었다. 그리고 신들의 음식인 암브로시아를 먹인 다음, 밤중에 아기를 몰래 난롯불 속에 넣어 구웠다. 아기를 영원히 죽지 않는 몸으로 만들기 위한 것이었다.

어느 날 밤, 왕비는 여신이 불 속에 아기를 집어넣고 있는 것을 보았다. 데메테르가 미쳐서 아기를 불에 태워 죽이려 한다고 생각한 왕비는 비명을 내질렀다.

그 소리에 깜짝 놀란 여신은 아기를 난로에서 꺼내 왕비에게 돌려 주었다. 그러고 나서 호통을 쳤다.

정체를 밝히는 데메테르

"네 아기를 가져가라. 이제부터 네가 직접 기르도록 해라. 늙지도 않고 죽지도 않는 불사의 몸을 만들어 영원히 존경받게 해 주려고 했었다만……, 나는 데메테르 여신이니라. 나는 너희가 내게 베푼 친절에 보답해 주고 싶었던 것이니라."

데메테르가 정체를 밝히는 순간, 궁전은 하늘의 빛으로 가득 찼다. 여신은 자신의 눈부신 모습을 드러냈다.

켈레오스와 메타네이라는 여신 앞에 무릎을 꿇었다. 여

신은 왕에게 엘레우시스에 있는 칼리르호에 샘 근처에 자신을 위한 신전을 세우라고 명령했다. 그 뒤 슬픔에 찬 여신은 올림포스에서 멀리 떨어진 그곳을 집으로 삼았다.

그동안에도 대지는 사람과 동물들이 굶어 죽어 가는 황무지로 변해 갔다. 엘레우시스 부근에만 풀이 약간 남아 있었지만, 머지않아 이것마저도 사라질 게 뻔했다.

제우스는 이 모든 것을 내려다보고 있었다. 황폐해진 땅을 되살리기 위해 무슨 방법을 찾아야만 했다.

결국 제우스는 페르세포네가 일 년의 절반은 땅 위로 돌아와 어머니와 함께 살고, 나머지 절반은 지하 왕국에서 남편 하데스와 함께 살게 해 주기로 했다.

봄이 돌아오다

그때부터 봄과 여름 동안 산과 들은 초록 옷을 입고 싱그러워졌고 땅은 꽃으로 뒤덮이게 되었다.

이때는 페르세포네가 어머니 곁에 와 있었기 때문에 자연은 기쁨의 노래를 불렀다. 행복에 찬 데메테르 역시 대지를 아름답고 기름지게 해 사람들의 생활을 풍요롭게 해 주었다.

그러다가 페르세포네가 지하 왕국으로 돌아가면 가을이 오고 뒤이어 추운 겨울이 찾아왔다. 나무에서는 잎이 떨어지고 모든 것이 가련하고 우울하게 변했다. 햇빛도 없는 머나먼 곳, 저승 신의 캄캄한 나라로 외동딸을 보낸 데메테르 여신이 슬픔에 잠겨 있기 때문이었다.

이렇게 세월은 계속 흘러갔다.

매년 봄마다 데메테르는 사랑하는 딸을 맞아들였고, 행복에 찬 여신은 사람들의 고통스런 삶을 편안하게 해 주는 소중한 과업에 온 힘을 다해 달려들었다.

하지만 모든 사람이 농사짓는 법을 배운 것은 아니었다.

이 세상의 어떤 외진 곳에서는 아직도 야만인처럼 살고 있는 사람들이 있었다.

린코스 왕이 다스리던 스키티아 사람들도 그랬다.

데메테르는 그곳에 용감한 영웅을 보내 땅을 가는 법을 가르치기로 마음먹었다.

모든 위험을 무릅쓰고 농사일을 가르쳐 문명을 일으킬

사람이 필요했다. 여신은 이 일을 해낼 사람으로 켈레오스 왕의 맏아들인 트리프톨레모스를 택했다.

스키티아로 간 트리프톨레모스

데메테르는 자신이 고른 영웅을 사악한 자들로부터 보호하기 위해 날개 달린 수레와 두 마리 용을 주었다. 이렇게 준비를 마친 트리프톨레모스 왕자는 머나먼 스

키티아로 떠났다.

물론 그의 가장 튼튼한 방패는 늠름한 기상이었다.

용감무쌍한 영웅 트리프톨레모스는 수없이 많은 위험에 빠졌다. 하지만 그는 그때마다 칼을 휘둘러 모두 무찔렀고, 마침내 스키티아 사람들에게 땅을 경작하는 법을 가르쳤다. 이리하여 이 고장과 사람들에게도 평화가 찾아오게 되었다.

린코스 왕은 자신의 나라가 평화로워진 것만으로는 만족하지 못했다. 트리프톨레모스를 질투한 왕은 그를 죽이기로 마음먹었다. 동시에 백성들에게 농사짓는 법을 가르친 사람은 린코스 왕 자신이라는 소문을 퍼뜨렸다.

하지만 무슨 수로 트리프톨레모스를 없앤단 말인가? 그를 죽이러 사람을 보낼 때마다 그들을 족족 잡아 죽인 영웅이 아닌가? 곰곰이 궁리하던 왕은 자신이 직접 나서기로 했다.

다른 자객들과 똑같은 운명을 맞지 않기 위해, 왕은 그가 잠든 사이에 범행을 저지르기로 했다.

하지만 데메테르 여신이 준 날개 돋친 두 마리 용이 잠든 그를 지키고 있는데 어떻게 죽일 수가 있을까?

마침내 왕은 흉계를 꾸몄다. 먼저 트리프톨레모스를

궁으로 초대하여 온갖 진수성찬을 차려 놓고 최고급 술을 진탕 먹였다. 그런 다음 왕은 그에게 스키티아를 위해 힘써 준 것을 칭찬했고, 궁 안에 있는 방에서 자고 가게 했다.

그날 밤 트리프톨레모스가 깊이 잠들었을 때, 린코스 왕은 날카로운 단도를 움켜잡고 그의 방으로 숨어 들어갔다.

"으흐흐, 내 꾀가 성공했구나!"

왕은 흐뭇하게 중얼거리면서 단도를 쳐들었다. 그러나 바로 그 순간, 누군가가 그의 손목을 꽉 틀어잡았다. 단도가 바닥으로 떨어졌다.

소스라치게 놀란 린코스 왕은 고개를 뒤로 홱 돌렸다.

데메테르 여신이 그를 똑바로 노려보고 있었다.

"린코스 이놈, 네가 네 명을 재촉하는구나."

여신은 차가운 목소리로 내뱉었다.

"돼지같이 비열한 놈 같으니. 영원토록 돼지로 살게 해주마."

여신의 말이 끝나자마자 멧돼지로 변한 린코스 왕은 겁에 질려 숲속으로 달아났다.

무사히 스키티아를 떠난 트리프톨레모스는 데메테르 여신의 농사 기술을 외진 지역에 알리고 다녔다.

그때부터 여신의 용감무쌍한 청년을 조금이라도 건드

리는 사람에겐 무서운 형벌이 내려졌다.

데메테르 여신의 과업은 신성했다. 여신이 하는 일을 방해하거나 망치는 사람은 모두 엄한 벌을 받았다. 그중에서도 가장 참혹한 벌을 받은 사람은 함부로 나무를 베어 낸 테살리아의 왕 에리식톤이었다.

나무를 찍어 넘기는 에리식톤

옛날에도 숲은 오늘날 못지않게 사람들에게 소중한 것이었다. 그래서 나무를 함부로 베어 쓰러뜨리는 것을 아주 나쁜 행동으로 여겼다.

사람들은 나무 한 그루 한 그루마다 '드리아스'라는 나무의 요정이 깃들어 산다고 믿었다.

드리아스는 자신이 살고 있는 나무와 운명을 함께했으며 나무가 죽으면 같이 죽었다.

데메테르 여신은 드리아스들을 사랑하고 보호했다. 그래서 나무 한 그루를 베려는 사람은 누구든지 여러 번 잘 생각해 보고 베어야 했다.

그리스에서 이 사실을 모르는 사람은 없었다. 하물며 왕인 에리식톤은 보통 사람들보다 신의 뜻을 더 잘 알고 있었을 터였다.

그런데도 왕은 숲을 보호하기는커녕 나무를 함부로 베어 냈다. 사치스러운 새 궁전을 지으려는 욕심에 눈이 먼 것이다.

왕의 눈길이 신성한 숲 입구에 서 있는 백 년 묵은 참나무에 닿았을 때, 그의 욕심은 이미 도를 넘었다.

왕은 신하들을 거느리고 신성한 참나무 앞에 이르렀다. 신하들은 어쩔 줄 몰라 하며 머뭇거리기만 했다.

마침내 그들 중 가장 나이가 많은 신하가 앞으로 나와 말했다.

"대왕 폐하, 새 궁전을 짓느라 이미 숲을 많이 망가뜨리지 않았나이까? 지금의 궁전만 해도 충분히 으리으리하지 않습니까? 제 말을 귀담아들어 주소서. 아름다움은 모든 이들이 찬미하는 것이옵니다. 하오나 사치는 그렇지 않사옵니다. 부디 이 점을 살피셔서 저 나무를 베지 마시옵소서. 폐하 자신을 위해서도 저 나무 속에 사는 드리아스를 불쌍히 여기시고, 데메테르 여신을 위해……."

하지만 에리식톤은 신하의 말을 잘랐다.

"그 따위 충고는 필요 없다. 백발 노인이라 해서 네게 벌을 내리지 않을 줄 아느냐? 대체 드리아스나 데메테르가 무엇이란 말이더냐? 나는 더 힘센 신들의 보호를 받고 있는 몸이다. 설사 데메테르 자신이 이 안에 살고 있다 해도, 나는 이 참나무를 기어이 찍어 넘기고야 말리라!"

왕은 이렇게 말한 뒤 노예에게서 도끼를 빼앗아 들었다. 그러고는 고귀한 참나무 둥치를 마구 찍어 대기 시작했다.

그 순간, 신기한 일이 일어났다. 상처 입은 나무 둥치에서 피가 솟구쳐 흐른 것이다!

이 광경을 본 신하들은 모두 겁에 질려 벌벌 떨었다. 노예 하나가 용감하게 나서서 왕의 못된 행동을 말려 보려고 했다. 그러자 에리식톤은 화가 솟구쳐 도끼로 노예의 목을 잘라 버리고는 소리쳤다.

"감히 나에게 대들다니, 데메테르 여신 좋아한다!"

그러고는 다시 나무 둥치를 찍어 대어 기어이 쓰러뜨리고 말았다. 그와 함께 나무 속에 살던 드리아스도 죽고 말았다.

이 드리아스는 여신이 숲속에서 가장 사랑한 나무 요정이었다. 죽은 드리아스의 자매들은 눈물을 흘리며 데메테르 여신에게 달려가 지금까지의 끔찍한 일들을 들려 주었다.

"그 짐승 같은 자가 저지른 일을 보세요. 그 자가 여신께 퍼부은 말을 들어 보세요! '설사 데메테르 자신이 이 안에 살고 있다 해도, 나는 이 참나무를 기어이 찍어 넘기고야 말리라!' 그러고는 가엾은 노예를 죽이고 나무를 쓰러뜨려 우리 친구를 죽이고 말았어요."

여신은 불같이 화를 냈다. 그리고 즉각 이 죄인을 다스릴 벌을 생각해 냈다.

이제 에리식톤이 가엾어질 차례였다. 이런 자가 동정을 받을 가치가 있다면 말이다.

에리식톤에게 내려진 벌은 이러했다.

에리식톤을 찾아온 배고픔의 여신

데메테르 여신은 드리아스 하나를 저 먼 카우카소스 지방에 사는 배고픔의 여신 페나이에게 보냈다.

데메테르는 요정에게 페나이 여신에게 가서 이렇게 전하라고 일렀다. 당장 에리식톤에게 날아가서 그의 몸 속에 배고픔의 기운을 불어넣으라고 말이다.

드리아스는 순식간에 카우카소스에 이르렀다. 그리고 메마른 산기슭의 가시덤불 속에 있는 동굴에서 배고픔의 여신 페나이를 찾아냈다.

배고픔의 여신은 얼굴이 창백하고 뼈만 앙상한데다 머리카락은 제멋대로 뒤엉켜 있었다. 검은 옷을 입고 있으며 두 눈은 움푹 꺼져 있었다.

여신을 본 드리아스는 소름이 오싹 끼쳤다. 그러나 얼른 용기를 내어 카우카소스까지 찾아온 까닭을 밝혔다.

배고픔의 여신 페나이는 데메테르의 명령에 즉각 복종했다. 회오리바람을 타고 눈 깜짝할 새에 에리식톤의 궁전으로 날아간 것이다. 마침 한밤중이어서 왕은 깊이 잠들어 있었다.

배고픔의 여신은 날개로 에리식톤을 뒤덮고 허기가 잔뜩 든 숨결을 그의 얼굴에 내뱉었다. 그것이 전부였다.

그런 다음 페나이는 올 때와 같은 빠른 속도로 하늘로 날아올라 사라졌다.

무시무시한 배고픔

갑자기 이상야릇한 일이 일어났다. 에리식톤은 곤하게 잠든 채 입을 열었다 닫았다 하며 움직이기 시작했다. 진수성찬이 차려진 식탁에서 식사를 하는 꿈을 꾸게 된 것이었다. 입에는 아무것도 없는데도 왕은 자면서 음식을 씹고 삼키기 시작했다.

갑자기 왕은 잠에서 깨어 벌떡 일어났다. 창자를 쥐어짜는 것처럼 배가 고파 왔다.

왕은 시종들을 깨워 하늘과 땅과 바다를 샅샅이 뒤져 닥치는 대로 먹을 것을 장만해 대령하라고 호통쳤다.

에리식톤은 숨 쉴 겨를도 없이 음식을 집어삼켰다. 그러나 음식을 먹으면 먹을수록 더욱더 배가 고프다고 죽는 소리를 했다. 노예들이 음식 접시를 들고 줄줄이 들어왔

지만 왕은 왜 이렇게 적냐고 소리를 지르면서 더 가져오라고 악을 썼다.

온 나라 백성을 다 먹여 살릴 만큼의 음식도 그의 배를 채우기에는 모자랐다. 음식을 꼭꼭 씹어 삼키면 삼킬수록 왕은 더욱더 배가 고팠다.

에리식톤의 위는 마치 바닥을 모르는 구덩이와도 같았다. 채우려 하면 할수록 더욱더 비어 가는 것만 같았다. 채워질 줄 모르는 배고픔은 그의 내장을 찢으며 한층 더 그를 고문했다.

이렇게 왕의 전 재산은 몽땅 배 속으로 사라졌다.

마침내 전 재산을 삼켜 버린 왕은 나라와 신하들을 모두 잃고 마지막 남은 노예까지 다 팔아서 음식을 마련했다.

이제 그에게 남은 것은 외동딸 메스트라뿐이었다. 이런 참한 딸을 가질 자격도 없는 못된 아버지였지만, 딸은 아버지를 불쌍히 여겼다.

딸을 팔아넘긴 에리식톤

메스트라는 매우 아름다운 처녀여서, 바다의 신 포세이돈도 한때 그녀를 사랑한 적이 있었다.

배고픔을 참지 못한 아버지는 외동딸마저 팔아 버렸다. 노예로 팔려 가던 메스트라는 포세이돈에게 구원을 청했다. 아직도 그녀를 사랑하는 포세이돈은 그녀에게 마음대로 변신할 수 있는 능력을 내려 주었다.

메스트라는 새가 되어 재빨리 날아서 아버지에게 돌아갔다. 하지만 아버지는 그녀를 다시 팔아 버렸다.

그녀는 말이 되어 또다시 집으로 돌아왔다. 아버지는

이번에도 딸을 팔아 치웠다. 그녀는 암소로, 이어 암사슴으로 수없이 모습을 바꾸었다.

어느 날 노루가 된 메스트라는 홍수로 물이 불어난 강가에 발이 묶이고 말았다.

그러자 더 이상 배고픔을 참을 수 없게 된 에리식톤은 미친 듯이 자기 살을 파먹고는 끔찍한 고통 속에서 숨을 거두었다.

고귀한 나무를 찍어 넘긴 자는 이렇듯 비참하게 죽었

다. 데메테르 여신은 이렇게 해서 자신의 훌륭한 작품들을 못된 사람들로부터 지켜 냈다.

여신의 숲을 망가뜨리는 자들에겐 소름 끼치는 배고픔이 기다리고 있다는 것을 보여 준 것이다.

대부분의 사람들은 나무와 푸른 초원을 사랑했다. 그들은 나무를 가꾸고 곡식 기르는 일을 사랑했고, 성대한 축제를 열어 데메테르 여신을 찬미했다.

이런 축제들 중 하나가 엘레우시스 제전으로, 일 년 중 가장 큰 축제였다.

매년 봄에 열리는 이 축제는 한 해 동안 들에 나가 농사를 짓기 전에, 데메테르 여신을 칭송하고 여신의 딸 페르세포네가 땅 위로 올라오는 것을 환영하는 즐거운 행사였다.

아르테미스

자존심 강한 여신

아득한 옛날, 제우스가 쉬러 들어가고 별이 총총한 하늘에 보름달이 둥실 떠오르는 밤이 되면, 한 무리의 아름답고 명랑한 요정들이 숲속을 거닐곤 했다.

그중에서도 유난히 돋보이는 늘씬하고 아름다운 처녀가 있었다. 그녀는 무리 중 가장 아름다웠다. 다른 이들은 모두 그녀에게 복종했다.

요정들이 숲속의 빈터에서 즐겁게 놀 때면, 그녀는 항상 빼어난 노래 솜씨와 춤 솜씨를 자랑했다. 그녀의 이름은 아르테미스. 달의 여신이자 위대한 숲의 여왕이었다.

아르테미스 여신은 우아한 자태를 드러내는 짧은 겉옷을 입고 있었다. 은은한 달빛이 몸에 닿을 때면 여신은 고귀한 기품과 아름다움으로 빛났다.

여신은 사냥을 좋아하여 자주 금박 입힌 활을 들고 다녔다. 어깨에는 언제나 백발백중하는 화살이 가득 든 황금 화살통을 메고 다녔다.

아르테미스 여신은 전능한 제우스 대신과 레토 여신 사이에 태어난 딸이었다. 금발의 아폴론 신과는 쌍둥이였는데, 이들 남매를 낳을 때 어머니 레토 여신이 겪은 고생은 이미 앞의 책에서 소개했다.

아르테미스는 어머니와 여러 올림포스 신들을 사랑했다. 그녀는 대담하고 자존심이 강했고, 자신이나 다른 여신들을 무시하는 자에게는 재앙을 내렸다.

그런데도 한번은 알로아다이 거인 형제가 여신을 감히 모욕하려 든 적이 있었다. 아르테미스는 두 형제의 무지막지한 힘을 비웃으면서 그들에게 엄한 벌을 내렸다.

두 거인의 이름은 오토스와 에피알테스로, 알로에우스

의 아들이었다. 이들은 해마다 키가 한 길(보통 사람의 키)이나 자라고 몸통은 한 완척(팔꿈치에서 가운뎃손가락 끝까지의 길이)만큼씩이나 자랐다.

몸집이 커지면서 힘도 세어졌다. 아니, 힘만 세어진 게 아니라 오만함도 덩달아 커졌다. 그들은 사람 따위는 안중에도 없었고, 재미 삼아 아무나 멋대로 잡아 죽였다.

마침내 극도로 대담해진 그들은 올림포스 신들까지 위협하기에 이르렀다.

알로아다이는 신들에게 말했다.

"우리가 조금만 더 자랄 때까지 기다리슈. 오사산 위에 페리온산을 쌓아 하늘까지 올라갈 테니까……. 그러고는 당신네들에게서 헤라와 아르테미스 여신을 빼앗아 온다 이거지!"

알로아다이에게 내린 벌

신들도 이들 형제를 두려워할 만큼 알로아다이는 엄청난 힘을 가지고 있었다. 이들이야말로 무시무시한 전쟁의 신 아레스를 쇠사슬로 친친 묶어 열세 달 동안이나 가둬 놓았던 자들이 아닌가?

신들을 더욱더 옴짝달싹 못 하게 한 것은 이 두 거인은 불사의 몸이나 다름없이 태어났다는 점이었다. 신도 사람도 그들을 죽일 수가 없었다.

운명의 여신이 말하기를 그들은 서로가 서로를 죽일 때에만 비로소 죽게 된다는 것이었다. 그러나 그것은 있을 수 없는 일이었다. 이 망나니 거인들의 야심은 핏줄보다 더 단단하게 서로를 묶어 주고 있었기 때문이었다.

아르테미스 여신은 계획을 세웠다.

어느 날, 두 형제가 사냥을 할 때 여신은 그들의 뒤를 밟았다. 두 거인은 사슴이 자기네 앞을 지나가기를 기다리며 서로 가까운 곳에 몸을 숨기고 있었다.

여신은 암사슴을 잡아서 두 형제가 서로 바라보며 활을 겨누고 있는 바로 한가운데로 지나가게 될 지점에 놓아 주었다.

암사슴을 본 순간, 오토스와 에피알테스는 재빨리 활을 겨누었다. 그들은 온 힘을 다해 시위를 당겨 번개처럼 화살대를 놓았다.

하지만 이미 여신이 거인 형제가 사슴을 놓치게끔 만들어 놓은 다음이었다. 둘 사이를 뛰어가는 사슴을 겨냥한 화살은 무서운 기세로 날아가 서로의 이마에 정통으로 박혔다. 여신의 계획이 성공한 것이다.

두 거인은 죽어 넘어졌다. 망나니 거인 형제가 죽었다는 소식이 알려지자 사람들과 신들은 기뻐서 날뛰었다. 모든 이들이 아르테미스 여신의 위대한 업적을 칭송하는 노래를 불렀다.

아르테미스를 따르는 히폴리토스

그리스 사람들은 아르테미스를 순결의 여신으로도 널리 숭배했다. 그들은 여신과 함께 히폴리토스도 찬미했는데, 그는 아르테미스 여신을 섬기는 데 일생을 바치기로 한 잘생긴 청년이었다.

히폴리토스가 억울하게 죽었을 때, 그는 고결하고 명예로운 젊음의 상징이 되었다.

히폴리토스는 아테네의 왕인 영웅 테세우스의 아들이었다. 그의 어머니는 아마존의 여왕인 아름다운 안티오페로, 그녀는 아테네를 지키려고 테세우스 옆에서 용감하게 싸우다 죽었다.

테세우스는 나중에 다시 결혼했는데, 두 번째 아내는 유명한 크레타 왕 미노스의 딸인 파이드라였다.

왕이 재혼하자 히폴리토스는 아테네를 떠나 펠로폰네소스로 가서 지혜로운 왕인 증조할아버지 피테우스의 궁전에서 지냈다.

피테우스는 트로이젠의 왕으로, 히폴리토스를 자신의 후계자로 지명했다.

히폴리토스는 아마존 여왕인 어머니, 안티오페로부터 두 가지 성품을 물려받았다. 말을 사랑하는 마음과 아르테미스 여신을 숭배하는 마음이었다.

왕자는 멋진 네 마리 말이 끄는 수레를 타고 다녔는데, 그는 보는 이들이 넋을 잃을 정도로 말을 능숙하게 다루었다.

히폴리토스는 올림픽 경기에도 참가했다. 그가 승리를 거두고 수레에 우뚝 서서 트로이젠으로 돌아올 때면, 온 도시의 젊은이들은 그가 마치 올림포스산의 신이라도 되는 것처럼 달려나가 맞아들였다.

하지만 그의 생활에서 훨씬 더 중요한 것은 순결한 젊음을 상징하는 아르테미스 여신을 모시는 일이었다. 히폴리토스는 여신의 신성한 숲에서 많은 시간을 보냈고, 여신에게 가장 소중한 사람이 되었다. 히폴리토스야말로 여신이 만나서 이야기를 나누는 유일한 사람이었다.

그들은 함께 사슴과 멧돼지를 사냥했고, 옹달샘에서 솟는 수정같이 맑은 물을 마셨으며, 함께 나란히 말을 타고 달렸다.

 히폴리토스를 향한 아르테미스의 사랑은 깊고 순결한 형제애였다. 또 여신을 향한 청년의 사랑은 존경과 찬미와 순결로 가득 차 있었다.

히폴리토스와 파이드라

 사랑의 여신 아프로디테는 히폴리토스가 아르테미스에게 바치는 열렬한 숭배에 모욕을 느꼈다. 청년이 자신의 조각상 앞에서는 은총을 구하거나 공물(신전 앞에 바치는 물건) 한번 놓는 법 없이 그냥 지나치는 것을 지켜본 아프로디테는 참을 수가 없었다.

아프로디테가 부르짖었다.

"그 자는 도대체 무슨 권리로 날이면 날마다 아르테미스와 나란히 말을 타고 달린단 말이냐? 모든 올림포스 신들을 숭배하라고 사람을 만든 것이지 단 하나의 신만 숭배하라고 만든 게 아니거늘!"

여신은 히폴리토스에게 철퇴를 내릴 기회를 기다렸다.

어느 날, 히폴리토스는 아버지의 궁에서 올리는 제사에 참석하기 위해 아테네로 가게 되었다.

아프로디테는 왕자가 그곳에서 새어머니인 파이드라를 만나게 될 것을 알았다. 파이드라야말로 청년을 파멸시키는 데 써먹을 가장 알맞은 도구였다.

여신의 아들인 날개 달린 에로스의 활시위에서 날아간 화살 하나면 충분했다. 파이드라가 남편에 대한 사랑을 잊고 이 고귀한 젊은이에게 사랑을 품게 만든 것이다.

과연 히폴리토스의 늠름한 모습을 보는 순간, 아테네 왕비의 가슴은 마구 설레기 시작했다. 자신의 감정에 놀란 왕비는 남편에게 미칠 해를 생각하고 정신을 차리려고 애썼다.

그러나 이미 이성의 목소리에 귀 기울일 수가 없었다. 그녀가 할 수 있는 거라곤 히폴리토스에게 말을 걸고 싶은 마음을 꾹 참는 것뿐이었다.

왕자가 떠나자 파이드라는 마음을 가라앉힐 수 없었다. 그녀는 먹지도 자지도 못한 채 창백하게 말라 갔다.

어느 날, 파이드라는 히폴리토스를 다시 보고 싶어 트로이젠으로 찾아갔다. 왕비는 아프로디테 신전에 몸을 숨기고는 체조 연습을 하는 히폴리토스를 멀리서 훔쳐보았다. 그때부터 이 신전은 '은밀한 구경꾼'의 신전이라 불리게 되었다.

하지만 왕비는 차마 그 앞에 나설 수 없어서 아무도 모르게 다시 아테네로 돌아왔다.

 며칠 뒤 아테네를 행진하는 큰 축제가 열렸다. 히폴리토스와 파이드라와 테세우스는 다시 한번 한자리에 모이게 되었다.

 파이드라는 축제 내내 옆에 가까이 서 있는 왕자 때문에 가슴이 설레는 것을 느꼈다.

 행사가 끝났을 때 파이드라는 곧장 궁전으로 향했다. 어서 돌아가 마음을 가라앉히고 싶었다.

 하지만 테라스에 이르기가 바쁘게 왕비의 눈길은 다시금 잘생긴 히폴리토스의 모습을 찾아 사람들 사이를 살피고 있었다.

 그녀가 지켜보고 있는 동안, 눈부신 검정말 한 마리가 앞으로 이끌려 나왔다. 그 말은 아직 길들여지지 않아서 여태까지 아무도 그 잔등에 올라타 본 적이 없었다.

히폴리토스는 말고삐를 붙잡더니 놀랍도록 능숙한 솜씨로 잔등에 사뿐 올라탔다. 말은 즉각 반응을 보이며 말에 타고 있는 그의 뜻대로 뒷발로 우뚝 섰다.

모든 구경꾼들은 고집 센 말을 길들인 용감하고 잘생긴 왕자에게 찬사의 박수를 보냈다.

파이드라는 테라스 기둥에 기대 서서 이 모든 광경을 숨죽이고 지켜보았다.

축제가 끝나자 왕비는 혼자 있는 히폴리토스를 찾아갔다. 꾹꾹 눌러 온 가슴 속의 비밀을 한 번에 꺼내 놓기로 마음먹었다.

왕비가 애원했다.

"히폴리토스, 아테네에 머물러 줘. 난 더 이상 테세우스를 사랑하지 않아. 낙소스에서 내 이복 여동생 아리아드네를 버린 것도 태세우스야. 네 어머니가 죽은 것도 그이 때문이지. 왕은 나도 죽일지 몰라. 복수해, 히폴리토스. 아프로디테 여신이 우리 편을 들어 주고 있어. 넌 아테네의 왕이 되는 거야. 나는 너의 헌신적인 아내이자 왕비가 되겠어."

파이드라는 히폴리토스를 몰라도 너무 몰랐다.

그와 같이 순결한 가슴을 지닌 청년이 어찌 그런 사악한 생각을 품을 수가 있겠는가?

유명한 영웅인 자기 아버지를 배반한다고? 신들까지도 찬미했던 저 용기 있고 고귀한 모험들을 해낸 테세우스를? 또한 그가 자신의 삶을 바친 아르테미스 여신을 배반한다고? 이 청년이 그런 짓을 저지를 사람인가 말이다!

히폴리토스는 파이드라를 경멸하는 눈빛으로 쏘아보았다. 왕비의 가슴은 덜컥 내려앉았다.

이윽고 히폴리토스는 그녀의 얼굴에 대고 한 마디 내뱉었다.

"절대 있을 수 없는 일이오! 부끄러운 줄 아시오!"

파이드라는 수치심과 절망에 목이 졸리는 듯한 비명을 지르면서, 두 손으로 얼굴을 가리고 옆방으로 달려가 숨었다.

그동안에도 히폴리토스는 아버지에 대한 동정심으로 부르르 떨며 그 자리에 서 있었다. 마침내 그는 맹세했다.

"위대한 제우스 신이여, 저는 죽어도 이 일을 부왕께 말하지 않을 것을 맹세합니다. 왕비가 남편에게 저지른 잘못을 스스로 깨닫게 하소서."

물론 파이드라도 자신이 끔찍한 짓을 저질렀다는 것을 깨달았다. 그러나 그녀는 자신의 잘못을 뉘우칠 줄을 몰랐다. 한 번 나쁜 짓을 저지르면 세 곱절이나 나쁜 짓을 또다시 저지르게 된다.

"절대 있을 수 없는 일이오! 부끄러운 줄 아시오!"

파이드라는 왕자가 뱉은 쓰라린 말을 되뇌었다.

"좋아! 만약 내가 파멸해야 한다면 너도 함께 끌고 들어가 파멸시키고야 말겠어!"

왕비는 자신의 옷을 찢고 손톱으로 팔과 목을 할퀸 다음, 머리카락을 마구 헝클어뜨린 채 방에서 뛰쳐나갔다.

"사람 살려! 사람 살려!"

왕비는 마구 소리를 질러 대고 흑흑 흐느껴 울면서, 왕자가 자신을 욕보이려 했다고 거짓말을 했다.

다시 자기 방으로 들어간 왕비는 테세우스에게 편지를 썼다. 자신의 허물을 히폴리토스에게 뒤집어씌우는 편지였다. 그런 다음 편지를 자기 옷에 꽂아 놓고는 대들보에

목을 매어 스스로 목숨을 끊었다.

테세우스가 히폴리토스를 내쫓다

이 끔찍한 소식은 곧 테세우스 왕에게 알려졌다. 죽어 있는 왕비의 옷에서 편지를 꺼내 읽은 왕은 굳어 버린 듯 제자리에 서 있었다. 눈앞의 광경도 방금 읽은 편지도 믿을 수가 없었다.

하지만 왕비가 죽지 않았는가. 아들 히폴리토스가 저지른 짓이 아니고 무엇이겠는가.

테세우스 왕이 부르짖었다.

"내가 그토록 아무것도 몰랐다니! 왕자를 내쫓고 두 번 다시 아테네에 발을 들여 놓지 못하게 하라!"

바로 그때, 히폴리토스가 나타나 아버지에게 말했다.

"부왕께선 엄청난 잘못을 저지르고 계신 겁니다. 저는 아무 잘못이 없습니다."

"이런 거짓말쟁이 같으니라고! 너는 아르테미스 여신에게 순결을 맹세해 놓고서도 여신과, 네 아비와, 네 새어머니를 배반하지 않았느냐! 이 살인마, 네가 왕비를 죽였다!

나가라! 두 번 다시 내 눈앞에 나타나지 마라!"

히폴리토스는 사실을 밝히고 싶지 않았다. 파이드라를 비난하지 않겠다고 맹세했기 때문이다. 대신 그는 엄숙한 약속을 하기로 마음먹었다.

"제 말씀을 들어 주십시오, 아버님. 제우스 대신의 이름을 걸고 맹세하겠습니다. 만약 제가 잘못을 저질렀다면 신들과 사람들에게 쫓겨 이름도 명예도 없이, 고향도 가족도 없이 죽게 하소서. 죽은 다음에는 시체를 묻지 말고 사나운 새들이 와서 제 뼈를 쪼아 먹도록 내던져 두게 하

소서. 더 이상은 드릴 말씀이 없습니다."

"이런 뻔뻔스런 거짓말쟁이 같으니라고. 왕비 몸에 증거가 있고 또 편지가 있지 않느냐. 은혜도 모르는 짐승 같은 놈아, 모든 것이 네 죄를 드러내고 있다. 어서 떠나라! 다시는 네 꼴을 보기도 싫다!"

아버지의 저주

진실을 밝히는 대신 히폴리토스는 아버지 곁을 떠나기로 했다. 그는 말이 있는 곳으로 곧장 걸어가 수레에 마구를 채웠다. 그리고 고삐를 움켜잡고는 펠로폰네소스를 향해 길을 달렸다.

왕자가 떠나 버리자 테세우스 왕은 분노가 폭발했다.

왕이 부르짖었다.

"오, 아버지 포세이돈, 바다의 신이시여. 당신은 제게 세 가지 소원을 허락하셨으니 그중 한 가지를 지금 들어 주소서. 히폴리토스가 트로이젠에 도착하지 못하게 해 주소서."

왜 그랬는가, 테세우스? 그대는 왜 그다지도 성급하게

행동했는가? 왜 좀 더 자세히 알아보지 않았는가? 순간적인 격정에 따라 행동하는 대신 왜 다른 이들의 조언을 구하지 않았는가? 격분에 눈이 멀어 그대는 경솔한 결정을 내리고 말았구나. 제 아들에게 죽음을 가져올 저주를 내뱉었구나.

불운한 히폴리토스여, 그대의 운명은 정해졌도다.

그대는 두 번 다시 승리의 마차를 타고 트로이젠에 들어설 수 없으리라. 처녀들도 두 번 다시는 가슴 태우며 그대를 바라보지 못하리라. 그대는 두 번 다시 시원한 풀밭 위를 아르테미스 여신과 나란히 말을 타고 달리지 못할 것이며, 그대가 숭배하는 여신에게 장미꽃 한 송이 바칠 수도 없으리라. 이제 그대의 앞길에는 죽음만이 기다리고 있도다!

히폴리토스의 죽음

자신을 기다리고 있는 운명을 알지 못한 채, 히폴리토스는 산과 바다 사이에 난 거칠고 좁다란 길을 따라 스키로니안 바위산을 돌아 가고 있었다.

왕자는 슬픔으로 가슴이 터질 것 같았지만 침착하게 바윗돌이 구르는 꼬불꼬불한 길에서 수레를 몰았다. 그런데 갑자기 산 같은 파도가 밀려오더니 바닷가에 괴물같이 생긴 황소 한 마리가 쓸려 왔다.

 황소는 무시무시한 소리를 질러 대면서 콧바람을 불어 바닷물을 토해 냈다. 놀란 말들은 길길이 뛰면서 수레를

벼랑 끝으로 끌고 갔다.

만약 히폴리토스가 아닌 다른 사람이 수레를 몰고 있었다면 당장에 험한 바위가 깔린 저 아래 바닷물 속으로 거꾸러지고 말았을 것이다.

그러나 이 세상에 히폴리토스에 견줄 만한 수레꾼은 없었다.

왕자는 노 젓는 사공처럼 몸을 뒤로 젖히고 고삐를 꽉 움켜잡아 날뛰는 말들을 다시 길 위로 데려다 놓았다. 소리 소리 지르는 괴물 황소에게 쫓겨, 말들은 목이 부러져라 하고 미친 듯이 수레를 끌었다.

히폴리토스는 여러 번 아슬아슬하게 죽을 고비를 넘기면서 길을 따라 말을 몰았다.

히폴리토스는 계속 황소에게 쫓기면서도 스키로니안 산을 순식간에 지나 코린토스의 이스트마스를 향해 전속력으로 달렸다.

하지만 왕자가 최후를 맞은 곳이 여기였다.

포세이돈이 보낸 괴물 황소는 히폴리토스를 바위에 부딪쳐 죽이려다 실패했지만, 옹이 진 늙은 올리브 나무가 모든 것을 대신 끝냈다.

 바람 속을 달려가던 마구의 줄이 마른 가지에 부딪친 순간, 모든 것이 끝났다. 말들은 공중으로 펄쩍 뛰어올랐고, 튼튼한 수레는 커다란 너럭바위에 부딪쳐 산산조각 났다.

 히폴리토스는 말고삐에 뒤엉킨 채 돌바닥 위에 내팽개쳐지면서 온 뼈마디가 산산이 으스러졌다. 널브러져 죽어 가고 있는 왕자 곁에, 아르테미스 여신이 그의 아버지 테세우스를 수레에 태우고 나타났다.

 여신은 슬픈 마음으로 아테네 왕에게 모든 사실을 밝혔다. 어리석은 테세우스 왕은 아들 곁에 무릎을 꿇은 채 눈물만 흘릴 따름이었다.

 왕자는 마지막 남은 힘을 그러모아 머리를 들고 말했다.

 "울지 마세요, 아버지. 아버지 잘못이 아닙니다. 지하에서도 전 아버지를 사랑할 거예요."

 이것이 히폴리토스의 마지막 말이었다.

 왕자가 숨을 거두자 아르테미스는 그가 자신을 처음 만

나 평생 숭배하기로 맹세하고 같이 뛰어놀았던 트로이젠의 숲으로 시신을 가져가 묻어 주었다.

테세우스는 아들을 잃은 슬픔과 자신이 저지른 잘못에 대한 후회로 가슴이 찢어지는 듯했다. 그는 신성한 숲으로 와서 사당을 세울 자리를 표시했다.

얼마 뒤 히폴리토스의 무덤 가에는 깔끔하고 아름다운 사당이 세워졌다. 죽은 왕자는 이곳에서 신으로 모셔졌다.

트로이젠의 젊은 남녀들은 결혼식을 하기 전에 자신들의 머리카락을 한 움큼 잘라 와서 그토록 억울한 죽음을 당한 히폴리토스에게 바쳤다.

이것은 순결과 혼인 서약을 지키겠다고 맹세하는 의식이었다.

마차부자리 이니오쿠스

이렇게 히폴리토스는 트로이젠 사람들의 기억 속에 영원히 살아 있었다. 그들은 왕자가 죽었다는 사실을 인정하지 않고 이렇게 따지곤 했다.

"있을 수 없는 일이야. 어떻게 그가 자기 말에게 죽임을 당할 수가 있어? 아냐, 말 때문에 죽은 게 아냐. 그는 분명 살아 있어. 아르테미스 여신이 그를 하늘로 데려가 별들 사이에 앉혀 놓았단 말이야."

그들은 왕자의 무덤을 아무에게도 보여 주지 않았다. 그리고 밤이면 하늘의 별자리를 가리키면서 말했다.

"저 봐, 저기 있잖아."

그때부터 그 별자리는 이니오쿠스, 즉 마차부자리로 불

리게 되었다.

잘생긴 청년이 억울한 죽임을 당하는 신화가 또 하나 있다. 앞에 나온 히폴리토스의 부당한 운명은 아프로디테 여신 때문이었다.

그런데 이번 신화에서는 아르테미스 여신이 잔인한 벌을 내리게 된다.

제우스 대신의 아버지인 크로노스의 시대 때부터 내려온 법이 있었다. 그것은 신이 원해서가 아닌 한, 신의 몸을 본 사람은 누구든 반드시 죽어야 한다는 법이었다.

그것은 옳지 않은 법이었다. 아르테미스 여신은 이 법을 악타이온이란 청년에게 지나칠 정도로 가혹하게 적용했다. 그가 우연히 목욕하는 여신을 보게 되었기 때문이다.

어느 무더운 여름날이었다.

아르테미스 여신은 한 무리의 요정들과 숲속을 거닐고 있었다. 더위로 지친 일행은 시원한 물에 목욕을 하고 싶었다. 아르테미스는 절대로 강이나 바다, 호수나 샘에서 목욕하는 법이 없었다. 누가 벗은 몸을 훔쳐볼까 봐서였다.

그때까지는 신이든 인간 남성이든 아무도 이 여신이 목욕하는 것을 본 적이 없었다.

아르테미스를 훔쳐본 악타이온

아르테미스 여신은 요정들을 데리고 높다란 키타이론 산기슭에 있는 동굴로 갔다. 무성한 덤불숲으로 가려진 동굴 안에는 고요한 못이 있었다.

그들은 바위 위에 옷을 벗어 놓고 즐겁게 소리를 질러 대며 수정같이 맑은 물속으로 뛰어들었다.

맨 먼저 뛰어든 것은 아르테미스였다. 여신은 못 속에서 어린아이처럼 물을 튀기고 물장구를 치며 놀았다. 숲의 요정들이 그 뒤를 따랐다.

그들은 티 없이 깔깔거리며 물장난을 쳤다.

그때 한 무리의 사냥꾼들이 우연히 그 부근을 지나가게 되었다. 일행 가운데 한 명은 테베의 잘생긴 왕자인 악타이온이었다.

일행보다 앞서가던 그는 목이 말라 물을 찾는 중이었다. 그러다가 그는 문득 동굴 입구를 보았다. 바로 아르테미스 일행이 있는 동굴이었다.

왕자는 사냥개들을 동굴 밖에 두고 물을 찾아 안으로 들어갔다. 몇 걸음 걸어 들어가는데 철벅거리는 물소리가 들려왔다. 왕자는 우뚝 걸음을 멈췄다.

"안 돼, 악타이온. 가지 마라."

마음속의 한 목소리가 그에게 경고했다.

"크로노스의 법을 생각해 봐. 안에 누가 있는지 알 수 없잖아?"

 하지만 악타이온은 계속 걸음을 옮겼다. 바위를 돌아가자 갑자기 눈앞에 여신 일행이 나타났다.

 그 순간, 사랑스러운 아르테미스 여신은 막 물에서 나오는 중이었다. 여신의 날씬한 몸매는 어둑한 동굴 불빛 속에서 고귀한 아름다움으로 빛났다. 이제껏 한 번도 남자의 눈길이 닿은 적 없는 순결한 몸이었다.

 두 명의 요정이 악타이온을 가장 먼저 발견했다. 요정

들은 소스라치며 외마디 비명을 질렀다.

아르테미스는 무슨 일인가 하고 돌아보았다. 그 순간, 몇 걸음 떨어진 곳에 서 있는 악타이온이 눈에 들어왔다.

여신은 분노와 수치심으로 머리끝에서 발끝까지 새빨개졌다. 그 모습은 더욱 아름다웠다. 요정들은 여신을 에워싸며 악타이온이 보지 못하게 여신을 가려 주려고 했다.

하지만 이미 벗은 몸을 보인 뒤였다. 아르테미스는 화가 치솟았고 악타이온의 운명은 정해졌다. 여신은 운 나쁜 청년을 사슴으로 변하게 하고 말았다.

악타이온의 잔인한 운명

이제 사슴이 된 악타이온은 달아나기 시작했다.

하지만 그가 동굴에서 뛰쳐나오는 순간, 사냥개들이 그를 쫓기 시작했다. 악타이온은 나를 해치지 말라고, 너희들이 잡으려는 사슴은 너희가 사랑하는 주인이라고 소리치고 싶었다.

그러나 이미 말을 할 수 없게 된 상태였다. 사냥개들은

그를 쓰러뜨린 다음 날카로운 이빨로 목덜미를 물었다.

그런 다음 자기네가 잡은 사슴을 자랑하기 위해 주인 악타이온을 찾아다니기 시작했다. 악타이온이 없어진 것을 알아차린 다른 사냥꾼들도 그를 찾아다녔다.

저녁때가 되었다.

지친 데다 그를 찾을 희망을 잃어버린 일행은 무참하게 물려 죽은 사슴을 말에 싣고 테베로 돌아왔다. 그 사슴이 신들과 사람들을 통틀어 유일하게 아르테미스의 벗은 몸을 본 악타이온일 줄이야 어찌 상상이나 할 수 있었을까?

이렇듯 아르테미스 여신의 벌은 가혹했다. 그 뒤부터 사람들은 여신의 뜻을 받들어 더욱 행동을 조심했다.

아티카의 브라브론에서는 5년마다 성대한 축제가 열린다. 그 기원은 다음과 같다.

순한 곰 한 마리가 아테네 거리를 제멋대로 돌아다녔다. 사람들은 이 곰이 아르테미스 여신의 가호를 받는 신성한 짐승이라고 생각했다.

아테네 사람들은 이 곰을 보살펴 주고 먹이도 주었다.

곰은 어린이들의 좋은 친구였다. 아이들은 곰과 같이 놀고 장난을 쳤다. 곰은 화를 내거나 아이들에게 해를 끼치는 적이 한 번도 없었다.

그러던 어느 날, 한 여자아이가 심하게 장난을 쳤다. 아이는 곰을 발로 차고 손으로 꼬집다가 마침내 막대기로 마구 때리기 시작했다.

그러자 마침내 화가 난 곰이 아이에게 달려들어 납작하

게 깔아 죽이고 말았다.

이 끔찍한 소식을 들은 아이의 오빠들은 두 번 생각해 볼 겨를도 없이 곰을 죽여 버렸다. 아르테미스 여신의 가호를 받는 신성한 동물을 죽인 것이다.

그때부터 아테네에는 큰 불행이 닥쳐왔다. 무시무시한 질병이 돌아 어린이들을 모두 쓰러뜨린 것이다.

아테네 사람들은 전령을 보내 신탁을 들어 보았다.

신탁은 딸들을 곰처럼 꾸며 아르테미스 여신에게 바쳐야 한다는 것이었다. 이것이 5년마다 열리는 아름답고 성대한 브라브로니아 축제의 기원이다.

브라브론의 곰 소녀들

축제가 열리면 아테네 사람들은 다섯 살에서 열 살 사이의 딸들에게 곰의 털 색깔과 같은 옷을 입힌다. 그런 다음 브라브론에 있는 아르테미스 신전까지 함께 행진한다.

신전에 다다르면 암염소나 송아지 한 마리를 여신에게 바치고, 여사제들은 '곰 소녀'라고 부르는 소녀들에게 축복을 내린다.

그런 뒤 즐거운 놀이판이 벌어진다. 푸르른 브라브론 들판은 즐겁게 소리 지르고 달리고 춤추면서 뛰어노는 곰 소녀들로 전혀 다른 풍경으로 변한다.

축제 날이 되면 브라브론까지는 먼 길이기 때문에 아침 일찍 출발해야 했다. 아이들을 다시 불러 모아 집으로 돌아가려면 부모들은 늘 진땀을 흘려야 했다.

제1권 키워드 권력
　제우스 헤라 아프로디테

제2권 키워드 창의성
　아폴론 헤르메스 데메테르 아르테미스

제3권 키워드 갈등
　헤파이스토스 아테나 포세이돈 헤스티아

제4권 키워드 호기심
　인간의 다섯 시대　프로메테우스　대홍수

제5권 키워드 놀이
　디오니소스 오르페우스 에우리디케

제6권 키워드 탐험
　다이달로스 이카로스 탄탈로스 에우로페

제7권 키워드 성장
　헤라클레스

제8권 키워드 미궁
　페르세우스 페가소스 테세우스 펠레우스

제9권 키워드 용기
　이아손 아르고스 코르키스 황금 양털

제10권 키워드 반전
　전쟁 일리아드 호메로스 트로이

제11권 키워드 우정
　오디세우스

제12권 키워드 독립
　오이디푸스 안티고네 에피고노이

정재승이 추천하는
뇌과학으로 신화 읽기 《그리스·로마 신화》